DES DROITS AUXQUELS SONT SOUMIS

LES

NAVIRES DANS LES PORTS FRANÇAIS

THÈSE POUR LE DOCTORAT

Présentée et soutenue le jeudi 14 juin 1900, à 8 h. 1/2

PAR

Henri BAUT

Président : M. CAUWÈS.

Suffragants : MM. DESCHAMPS, GIDE, *professeurs.*

PARIS

LIBRAIRIE NOUVELLE DE DROIT ET DE JURISPRUDENCE

ARTHUR ROUSSEAU, ÉDITEUR

14, RUE SOUFFLOT ET RUE TOULLIER, 13

1900

THÈSE

POUR LE DOCTORAT

UNIVERSITÉ DE PARIS. — FACULTÉ DE DROIT

DES DROITS AUXQUELS SONT SOUMIS

LES

NAVIRES DANS LES PORTS FRANÇAIS

THÈSE POUR LE DOCTORAT

L'ACTE PUBLIC SUR LES MATIÈRES CI-APRÈS

Sera soutenu le jeudi 14 juin 1900, à 8 h. 1/2

PAR

Henri BAUT

AVOCAT A LA COUR D'APPEL

Président : M. CAUWÈS.
Suffragants : { MM. DESCHAMPS, GIDE, } *professeurs.*

PARIS

LIBRAIRIE NOUVELLE DE DROIT ET DE JURISPRUDENCE

ARTHUR ROUSSEAU, ÉDITEUR

14, RUE SOUFFLOT ET RUE TOULLIER, 13

1900

A MES PARENTS

DES DROITS AUXQUELS SONT SOUMIS

LES

NAVIRES DANS LES PORTS FRANÇAIS

PRÉFACE

Nous ne pensons point qu'il soit téméraire de dire que la question de la Marine marchande est à l'ordre du jour. Depuis une vingtaine d'années, en effet, les doléances sont devenues de plus en plus nombreuses sur le triste état et le déclin de notre marine marchande, en même temps que les remèdes les plus divers étaient proposés pour remédier à ce triste état de choses. En 1896 une commission extraparlementaire de la marine marchande fut nommée (1), qui avait pour mission d'entendre ces doléances et de juger les solutions proposées. En parcourant les procès-verbaux de cette commission, on est immédiatement frappé d'un fait qui n'a d'ailleurs rien de surprenant : c'est que chaque déposant s'est placé, pour juger la question, à son point de vue personnel. L'armateur réclame des primes à l'armement et le constructeur trouve que la construction n'est point suffisamment encouragée. Le négociant, auquel il importe peu que sa mar-

(1) Décret du 21 avril 1896.

chandise soit portée par un navire national ou étranger, et désireux avant tout d'un fret à bon marché, combat avec vigueur tout rétablissement de la surtaxe de Pavillon et n'hésite point, pour étayer son argumentation, à recourir au paradoxe en affirmant que la marine marchande française n'a jamais été aussi puissante, et que toutes les mesures destinées à la protéger doivent infailliblement se retourner contre elle. De cette variété d'opinions, il nous semble résulter que, pour porter sur la matière un jugement éclairé, il est indispensable de les connaître toutes et d'être à même de contrôler les faits sur lesquels elles s'appuient et qui leur ont donné naissance. Le législateur ne pourra résoudre sagement le problème proposé à son examen que lorsqu'il en connaîtra bien toutes les données : c'est à cette seule condition, que son œuvre pourra être efficace et bonne. Or, il nous est apparu, en parcourant les procès-verbaux de l'enquête à laquelle s'est livrée la commission extraparlementaire de la marine marchande, qu'il avait été peu fait mention des droits qui frappent les navires de commerce à leur entrée dans les ports français, et que partant, on s'était peu préoccupé de savoir le parti que l'on pourrait tirer soit d'une aggravation, soit d'une diminution, soit en un mot d'une modification quelconque de ces droits en vue du développement de notre marine marchande nationale. Et pour montrer à quel point ce développement préoccupait peu certains déposants, nous rappellerons que l'un d'eux n'a point hésité à demander la suppression du courtage ma-

ritime, la seule de ces taxes, qui, sinon en fait, du moins
en droit ne s'appliquant point aux navires français, peut
être considérée comme plutôt favorable à la marine nationale. A n'en point douter, il y avait là une lacune à
combler, et c'est ce que nous avons entrepris de faire
dans cette étude.

Notre intention n'est pas de montrer que la solution du
problème proposé se trouve dans la modification des droits
de port : tout au plus, pourrions-nous, en examinant ceux-
ci, indiquer quels sont ceux qui nous semblent favoriser
le plus notre marine marchande. Nous avons fait notre
ambition plus modeste pour la rendre plus capable d'atteindre son but. Le nôtre est, en effet, de donner au législateur un aperçu de ce que sont dans les ports français, les
droits et les gênes de toutes sortes susceptibles d'entraver, dans une mesure plus ou moins grande, l'entrée des
navires marchands.

Nous voulons, en un mot, porter un peu de lumière sur
l'un des points que son examen devra comprendre s'il
veut concourir d'une façon efficace au relèvement de notre
marine marchande nationale. Car, si nous croyons que
l'on ne doit se prononcer qu'après beaucoup de réflexion
et de recherches en faveur de tel ou tel moyen destiné à
contribuer au relèvement de notre marine marchande, en
revanche, nous n'hésitons point à tenir dès maintenant
pour vraies ces deux affirmations :

Notre marine marchande décline ;

Il y a un intérêt national à la relever.

Nous trouvons la preuve de la première dans des statistiques trop nombreuses et trop faciles à établir pour qu'elles ne soient point véridiques. En vain, les optimistes quand même essaieront-ils d'établir que le nombre de nos navires marchands ne diminue point : c'est encore une façon de décliner que de ne pas croître autant que ses rivaux, et de ne plus occuper que le troisième ou quatrième rang quand on a tenu le second.

Quant à la seconde, elle est la conséquence d'un principe que nous n'hésitons point à admettre et qui peut se formuler ainsi : « Quand on se trouve en présence de plusieurs solutions, il faut toujours adopter celle qui rend la nation plus forte. » Or, il est certain que pour une nation maritime comme la nôtre, une marine marchande puissante constitue un grand élément de force et de supériorité. C'est à bord des navires marchands que se forment ces admirables marins dont notre marine militaire est si fière, et qui lui permettent d'envisager sans crainte les plus périlleuses éventualités.

En temps de guerre maritime ou coloniale, les navires marchands ont déjà suppléé et suppléeraient encore les transports de l'État trop peu nombreux pour assurer les services qu'ils sont appelés à rendre.

Enfin, ce sont les navires marchands qui transportent dans toutes les contrées du monde les fruits de notre travail et de notre industrie, les progrès et les raffinements de notre civilisation : en faisant mieux connaître partout la France dont ils portent le drapeau, ils la font aussi mieux aimer et lui assurent lentement, mais sûrement, ces conquêtes pacifiques du respect et de la sympathie des peuples, infiniment plus glorieuses et plus durables que les conquêtes de la force.

Avant d'aborder l'étude des droits de port qui fait l'objet de ce travail, nous ne pouvons manquer au devoir bien agréable de remercier M. Gustave Buchard, chef de bureau chez les courtiers maritimes des Langues du Nord au Havre, des renseignements précieux qu'il a mis à notre disposition, et des sages conseils dus à une longue expérience qu'il a bien voulu nous donner.

INTRODUCTION

DES DIFFÉRENTS DROITS DE PORT.

Théoriquement, les droits que sont appelés à payer les navires de commerce en entrant dans un port peuvent être fiscaux ou protecteurs, c'est-à-dire qu'ils peuvent avoir pour but soit de faire tomber certaines sommes d'argent dans le Trésor national, soit de favoriser, au détriment des autres, la marine marchande du pays.

Pratiquement, en France, ils ne sont plus que fiscaux depuis 1866. En 1872, à propos de la discussion de la loi sur le droit de quai, on essaya bien d'établir des taxes différentielles ; mais, comme nous le verrons plus loin, un certain nombre d'orateurs firent remarquer que, du moins pour l'époque présente, nos traités de commerce ne nous permettaient point de le faire et qu'en outre, il valait mieux demander la protection de notre marine marchande à d'autres moyens, comme par exemple les primes à l'armement et à la construction.

Tout au plus pourrait-on dire, qu'actuellement et en droit, une des taxes qui frappent à leur entrée dans les ports français les navires de commerce n'est point tout à fait exempte d'un caractère différentiel, nous voulons parler du *courtage maritime*. Mais nous aurons occasion de montrer que la pratique a corrigé cette inégalité et qu'en fait, les navires français n'échappent pas plus au courtage que les navires étrangers.

Mais dans cette fiscalité même dont nous venons de reconnaître le caractère aux droits de port, on conçoit qu'il puisse y avoir des degrés : un droit peut être plus ou moins fiscal selon qu'il est uniquement destiné à rémunérer le service rendu à celui qui le paie ou qu'au contraire une partie de ce droit ne correspond pas à un service rendu. Quoi qu'il en soit d'ailleurs de cette distinction plus théorique que pratique, la raison que l'on donne toujours à l'établissement d'un droit fiscal, est que les services de toutes sortes rendus dans les ports de commerce aux navires qui les visitent doivent être acquittés par eux.

Par conséquent, sans nous arrêter à ces degrés dans la fiscalité et nous en tenant uniquement à notre division en droits protecteurs et en droits fiscaux, nous n'hésitons point à faire rentrer dans cette seconde catégorie tous ceux qui frappent les navires de commerce à leur entrée dans les ports français. Mais de ce que ces droits se ressemblent au point de vue de la fiscalité, il ne s'en suit pas, bien loin de là, qu'ils soient analogues à tous les autres. En les examinant, on voit qu'ils peuvent être différenciés de trois façons.

1re DIVISION. — Les uns sont *obligatoires*, c'est-à-dire doivent être payés partout : les autres au contraire ne *sont point acquittés dans tous les ports*. Ainsi, il ne pourrait dépendre d'une Chambre de commerce d'empêcher la perception du droit de quai ou du courtage maritime : il lui appartient au contraire d'établir ou non des droits de péage.

2ᵉ Division. — Dans un autre ordre d'idées, certains droits sont *généraux,* c'est-à-dire sont les mêmes dans tous les ports : tels sont les droits de quai et les taxes sanitaires ; d'autres au contraire sont *spéciaux,* c'est-à-dire varient de quotité d'un port à l'autre : de ce nombre sont, par exemple, le courtage maritime et les droits de péage.

3ᵉ Division. — On peut enfin diviser les droits de port *selon qu'ils sont ou non perçus au profit de l'État.* Pour notre compte, nous n'hésitons point à adopter ce critérium de préférence aux deux autres, car on peut dire que dans une grande mesure, les autres caractères susceptibles d'affecter les droits de port dépendent de celui-là : il est bien évident, en effet, que si un droit est perçu au profit de l'État, il doit être à la fois obligatoire et général bien que la réciproque ne soit pas vraie.

Les droits perçus au profit de l'État sont : le droit de francisation, le droit de congé, le droit de passeport, le droit de quai, le plus important de tous, et enfin les taxes sanitaires. Quant à ceux qui ne sont point perçus au profit de l'État, ils peuvent se subdiviser à nouveau selon que les bénéficiaires sont les villes et chambres de commerce, ou certaines corporations ou encore des sociétés ou des personnalités privées. Dans cette première catégorie rentrent le droit de péage, de sauvetage, d'outillage, de séjour, de passagers : dans la seconde, ceux de courtage, pilotage et remorquage, bateaux d'aide, pontiers, hâleurs, balayage de quais, surveillance de feux, eau douce et de dépôt du rapport de mer. Nous nous proposons de les passer successivement en revue, en donnant sur chacun d'eux des explications proportionnées à leur importance. Toutefois nous croyons devoir, au préalable, dire quelques mots de la jauge des navires sur laquelle sont basés la plupart des droits que nous étudierons.

Base des droits de port. — Jaugeage des navires.

Les droits de port sont généralement perçus sur la *jauge nette* des navires. Que faut-il entendre par là ? La chose est très importante, car l'armateur a intérêt à donner à son navire la jauge nette la plus faible possible. La méthode généralement employée pour mesurer la jauge des navires porte le nom de l'amiral Moorson, à qui l'Angleterre l'a empruntée en 1854. Un décret du 24 décembre 1872 l'a rendue applicable à la France à dater du 1er juin 1873 et les détails de cette application ont été réglés par celui du 24 mai 1873. Des modifications successives y furent apportées dans les décrets du 21 juillet 1887, du 7 mars 1889 et enfin du 2 février 1893.

Aux termes de cette législation, la *jauge nette* des navires s'obtient en déduisant de la *jauge brute* certains espaces dénommés *inutilisables* et *de navigation*. Il est donc indispensable, pour obtenir la jauge nette, d'établir d'abord la jauge brute. Celle-ci se compose du total de la capacité totale de la coque du navire comprise sous le pont de tonnage auquel on ajoute celui des superstructures qui existent sur ce pont de tonnage. Cette opération, comme d'ailleurs celle qui a pour but d'obtenir la jauge nette, est effectuée par un employé des douanes appelé *vérificateur-jaugeur* et dont la mission est pour ainsi dire assimilable à la reconnaissance d'un colis.

Lorsqu'il a ainsi obtenu la jauge brute du navire, le vérificateur-jaugeur doit, pour établir la jauge nette, procéder différemment, selon qu'il s'agit d'un voilier ou d'un vapeur, et dans ce dernier cas, selon qu'il s'agit d'un navire à aubes ou d'un navire à hélice. Dans tous les cas, le résultat obtenu est un volume et s'énonce en mètres cubes : pour obtenir la jauge, il faut diviser ce résultat par 2,83 (Méthode Moorson).

1° *Voiliers.*

Soit un voilier ayant les dimensions suivantes :

Volume de la coque.	1.500 mc.
— des superstructures	150 »
Le volume brut total sera	1.650 »

Déductions :

Logement de l'équipage y compris celui du capitaine. . . .	84 mc.	
Cuisines et	11 »	
Espaces inutilisables de navigation.	135 »	
	230 »	230 mc.
Le volume net légal du navire sera. . . .	1.420 »	

La jauge sera $\dfrac{1.420}{2.83}$

Ainsi, pour les voiliers, on obtient la jauge nette en déduisant du volume brut tous les espaces inutilisables et de navigation et en divisant le résultat par 2,83.

2° *Vapeurs.*

Pour les navires à vapeur, on compte parmi les espaces de navigation ceux occupés par la machine. Mais le volume de la machine est déduit d'après une certaine proportion dont voici les éléments :

A. *Vapeurs à aubes.* — *a*) Si le volume de la machine est avec celui de la coque dans un rapport de plus de 20 0/0 et de moins de 30 0/0, on fait remise des 37 centièmes du volume total.

```
Supposons toujours un navire ayant :
    Volume de la coque. . . . . . . . . . . . .   1.500 mc.
        —    des superstructures . . . . . . .     150  »
    Le volume brut total sera . . . . . . . .    1.650  »
    Espaces inutilisables. . . . . . . . . . .     230  »
    Machine . . . . . . . . . . . . . . . . .      310  »
```

En supposant, comme nous venons de le faire, que le volume de la machine soit de 310 mètres cubes, la comparaison avec le volume de la coque (1.500 mc.) donne comme rapport 20,6 0/0. On doit donc faire remise à ce navire des 37 centièmes du volume total.

Le volume net de ce navire sera donc :

$$1.650 \text{ mc.} - 230 \text{ mc.} - \frac{1650^{\text{mc}} \times 37}{100}$$

On obtiendra la jauge nette en divisant le résultat par 2,83.

b) Si le volume de la machine est avec celui de la coque dans un rapport de moins de 20 0/0 et de plus de 30 0/0, on fait remise au navire des espaces réels occupés par la machine, augmentés de 50 0/0.

Prenons toujours le même exemple et supposons une machine de 280 mètres cubes. Si on compare ce volume à celui de la coque, 1500 mètres cubes, on obtient un rapport de 18,6 0/0. Il faudra donc retrancher le volume de la machine augmenté de la moitié.

Le volume net de ce navire sera par conséquent

$$1650 \text{ mc.} - 230 \text{ mc.} - 280 \text{ mc.} - \frac{280}{2}$$

B. *Vapeurs à hélice*. — *a*) Si le volume de la machine est avec celui de la coque dans un rapport de plus de 13 0/0 et de moins de 20 0/0, on fait remise au navire des 32 centièmes du volume total.

Nous conserverons toujours le même exemple.

Si le volume de la machine est de 280 mètres cubes et si on le compare au volume de la coque (1500 mc.), on obtient le rapport 18,6 0/0, ce qui entraîne la déduction de 32 0/0 du volume brut total. Le volume net de ce navire sera par conséquent :

$$1650 \text{ mc.} - 230 - \frac{1650 \times 32}{100.}$$

b) Si le volume de la machine est avec celui de la coque dans un rapport de moins de 13 0/0 et de plus de 20 0/0, on fait remise au navire des espaces réels augmentés de 75 0/0.

En supposant que la machine soit de 310 mètres cubes, la comparaison avec le volume de la coque (1500 mc.) donne comme rapport 20,6 0/0. Dans ce cas, la déduction consiste dans le volume effectif de la machine, 310 mc., augmenté des trois quarts de ce même volume.

Le volume net du navire sera donc :

$$1650 \text{ mc.} - 230 \text{ mc.} - 310 \text{ mc.} - \frac{310^{\text{cm}} \times 3}{4}$$

Encore une fois, la jauge nette s'obtiendra en divisant ce résultat par 2,83.

Critique de la jauge nette comme base de perception des droits de port.

En faisant le procès de la jauge nette comme base de perception des droits de port, nous ferons du même coup celui de la méthode Moorson qui l'a instituée. Ce n'est point à dire que la façon dont cette méthode obtient la jauge nette soit mauvaise ou même inférieure à une autre : bien loin de là, elle est probablement la meilleure, basée qu'elle est sur des données scientifiques.

Nos critiques, croyons-nous, n'en auront que plus de poids, si nous parvenons à démontrer que la meilleure jauge nette ne vaut point la jauge brute.

I. — La méthode Moorson qui devrait être identique pour tous les pays a d'abord cet inconvénient très grave de n'être point appliquée partout de la même façon. Qu'un navire soit par exemple successivement jaugé en France, en Allemagne et en Angleterre, on obtiendra trois jauges différentes. Or, comme d'après nos traités de commerce, nous sommes tenus d'accepter les jauges portées sur les actes de nationalité des navires, on voit immédiatement les inconvénients graves qu'une telle diversité peut présenter. Elle tient, en grande partie, à ce fait que l'on n'est point d'accord sur les espaces inutilisables. Pour ne prendre qu'un exemple entre cent nous mentionnerons qu'en Angleterre on déduit la chambre du capitaine, qu'en Danemark on n'a jamais consenti à le faire et qu'en France on ne le fait que depuis peu de temps seulement.

La jauge brute est au contraire la même dans toutes les méthodes, et l'on conçoit très aisément qu'elle ne se prête point à toutes ces diversités. C'est d'ailleurs un fait que l'on peut immédiatement constater, puisque partout la recherche de la jauge brute précède celle de la jauge nette : eh ! bien, partout, pour un navire donné, on obtient la même jauge brute.

II. — La méthode Moorson se prête en outre à des fraudes nombreuses, dont les différents moyens indiqués plus haut pour obtenir la jauge nette sont le point de départ.

a) *Du volume de la machine et de certaines constructions.* — Pour le navire à vapeur, qu'il soit à aubes ou à hélice, tout le secret du constructeur réside dans la dimension de la machine ; c'est en grande partie de cet élément que dépend la jauge nette. D'autre part, M. G. Pallain dans son ouvrage sur les *Douanes françaises* déclare, que la forme du navire peut faire varier de 10 0/0 la capacité imposable. M. Hippolyte Morel, dans son rapport au Sénat sur le projet de loi de 1897, a signalé deux navires charbonniers, le *Topic* qui a débarqué 508 tonnes de charbon et n'a payé le droit que sur un tonnage net de 112 tonnes, et le *Normann* d'une jauge légale de 222 tonneaux et portant jusqu'à 885 tonnes de charbon.

En général, on augmente pour les petits vapeurs l'espace de la machine afin d'obtenir la déduction la plus forte qui est de 75 0/0 : comme ils font de nombreux voyages et que le fret est peu élevé de prix, ils y ont bénéfice. Pour le grand navire, surtout destiné au long cours et aux forts chargements, le mieux est d'avoir pour la marchandise le plus d'espace possible : le constructeur recherche alors la déduction de 32 0/0 du volume brut.

b) *Spardeck non clos.* — Un autre moyen de diminuer la jauge nette consiste dans l'évaluation des espaces inutilisables. En dehors de ce qui n'est pas destiné à recevoir la cargaison, on fait entrer dans la même classification tout espace non clos de tous côtés à demeure fixe ; alors, au lieu d'établir sur le pont supérieur un spardeck s'étendant sur une partie du pont et de le clore de tous côtés, on le coupe sans le clore complètement ; il forme cependant un abri suffisant pour recevoir des marchandises. Il y a là une capacité qui échappe à la taxation et qui profite à l'armateur.

III. — Enfin, il arrive souvent que des navires utilisent des espaces qui ont été déduits comme inutilisables. Ainsi, les Allemands qui ont à l'avant de leurs navires des *pics*, sortes de puits destinés à recevoir les chaînes, leur donnent un volume considérable et les remplissent souvent de marchandises. Il en est de même des logements, glacières, salles de bains qui servent fréquemment au transport des marchandises.

En Angleterre où les espaces inutilisables sont déduits comme chez nous, on jauge à l'arrivée des navires qui ont à leur bord « la pontée » et on la frappe d'un droit. La *Pontée* est un chargement extérieur fait comme l'indique son nom, sur le pont du navire. On voit ainsi souvent des navires chargés de bois du Nord ou autres marchandises à des hauteurs assez élevées. Qu'un navire français chargé dans de telles conditions vienne à entrer dans un port anglais, il sera imposé de ce chef puisque les navires anglais le sont aussi. Au contraire, un navire anglais entrant dans un port de France ne le serait pas, puisque les navires français ne le sont pas non plus. La France et la marine marchande française subissent donc de ce fait un préjudice certain (1).

Il nous semble ressortir clairement de ce qui vient d'être dit que la plupart de ces inconvénients disparaîtraient sinon tous, si l'on substituait la jauge brute à la jauge nette. Tous proviennent, en effet, des opérations nécessitées par la recherche de cette jauge nette. Malheureusement, pour réaliser ce progrès, il faudra réagir énergiquement contre une tendance qui s'est beaucoup généralisée depuis

____

(1) Nous devons faire remarquer que ces taxes supplémentaires équivalent dans bien des cas à une prohibition, ces pontées étant généralement prises à fret réduit.

une trentaine d'années et qui a été favorisée par l'initiative de la Compagnie de Suez.

En effet, à l'origine, la Compagnie du Suez percevait un droit d'après le tonnage indiqué aux papiers de bord. Le 4 mars 1872, elle frappa d'un droit de 10 francs le tonnage réel. Le commerce, bien que cette mesure fût à la fois logique et équitable réclama violemment, car il était parvenu grâce à des artifices de construction à diminuer sur les papiers de bord, le tonnage réellement utilisable. Il adressa ses réclamations à la Porte, en sa qualité de suzeraine du territoire où se trouve le canal. Une conférence se réunit à Constantinople du 8 octobre au 18 décembre 1873. Elle aboutit à l'adoption obligatoire par tous les intéressés de la méthode Moorson, car le nouvel arrangement frappa d'une surtaxe de 3 francs les navires jaugés d'après cette méthode et d'une surtaxe de 4 francs ceux qui étaient mesurés différemment.

Actuellement, la Compagnie du canal de Suez donne le choix entre deux méthodes:

A. — Dans la première, on opère la *déduction réelle* des machines et des *soutes*.

B. — Dans la seconde, dite *règle du Danube*, on opère la déduction des espaces réels *sans les soutes* mais on y ajoute 75 0/0 de ces espaces pour les navires à hélice ;

       50 0/0   —   —   roues.

On ne tient donc aucun compte ici du rapport de la machine avec la coque du navire.

La seconde de ces méthodes étant la plus avantageuse, est presque universellement adoptée.

Grâce, en partie, à l'influence de la Compagnie de Suez un grand nombre de puissances maritimes ont successivement adopté la méthode Moorson. Nous allons donner la liste de ces puissances avec la date de leur adhésion à cette méthode.

Allemagne	1er janvier	1873
Autriche	1er septembre	1871
Espagne	1er janvier	1876
Italie	1er juillet	1873
Danemark	1er octobre	1871
Norwège	1er avril	1876
Suède	1er avril	1876
Russie	29 juillet	1879
Finlande	29 juillet	1879
Grèce	16 juillet	1889
Pays-Bas	9 août	1887

En voyant la longue liste des nations qui ont adhéré à la méthode de la jauge nette, on peut craindre que le progrès que nous signalions plus haut et qui consisterait à substituer la jauge brute à la jauge nette ne puisse se réaliser d'ici bien longtemps. A moins cependant, que cette fois comme bien souvent, le grand nombre de ceux qui ont adopté une pratique mauvaise ne révèle encore plus clairement les défauts de cette pratique et que le bien ne sorte précisément de l'excès du mal.

PREMIÈRE PARTIE

DROITS D'ÉTAT

CHAPITRE PREMIER

DROIT DE FRANCISATION.

Ce droit est perçu à l'occasion de la remise faite à un navire de l'acte dit de francisation et qui est en quelque sorte un brevet de nationalité lui permettant de jouir des privilèges réservés aux navires français.

En vertu de l'article 22 de la loi du 27 vendémiaire an II et de l'article 226 du Code de commerce, tout navire français et toute embarcation française qui prennent la mer doivent avoir à bord leur acte de francisation.

Pour être admis à la francisation, les navires doivent appartenir pour moitié au moins, à des Français (loi du 9 juin 1845, art. 11) et avoir été construits en France ou dans les possessions françaises ou avoir été naturalisés par le payement des droits, s'ils sont de construction étrangère (lois du 21 septembre 1793, art. 2, du 30 janvier 1872, art. 5 et Conventions internationales).

Le droit de francisation n'est pas exigé en Algérie en vertu de l'article 4 de l'ordonnance du 16 décembre 1843).

Le droit de francisation est fixé comme suit :

Tonnage de navires.	Quotité du droit. Décimes compris.	Titre de perception.
De moins de 100 tonneaux.	10 cent. 80 par tonneau.	Loi du 2 juillet 1836, art. 6.
De 100 tonneaux à 200 tonneaux exclusivement.	21 fr. 60 par navire.	
De 200 tonneaux à 300 tonneaux exclusivement.	28 fr. 80 par navire.	
De 300 tonneaux et au-dessus.	28 fr. 80 par navire et 7 fr. 50 pour chaque 100 tonneaux en sus de 300 tonneaux. Toute fraction de 100 tonneaux est comptée comme 100 tonneaux.	Loi du 27 vendémiaire an II, art. 26.

Sont dispensés de l'acte de francisation :

1° Les canots et chaloupes (quel qu'en soit le tonnage) qui dépendent des navires pourvus d'un acte de francisation et sont inscrits à ce titre à l'inventaire du mobilier ;

2° Les bâtiments de tout tonnage appartenant aux administrations publiques ;

3° (1) Les bateaux dragueurs et les bateaux employés

(1) Pour cette catégorie comme pour celles qui suivent, l'exemption n'a lieu que sous la condition qu'il leur soit délivré un congé chaque année.

au transport des vases (également sans limitation de tonnage ;

4° Les embarcations de tout tonnage qui naviguent dans les rivières soumises à la surveillance des douanes, en deçà du dernier port situé à l'embouchure, et sans prendre la mer ;

5° Les embarcations de tout tonnage qui naviguent dans l'intérieur d'un port ou d'une rade ;

6° Les embarcations de deux tonneaux et au-dessous appartenant à des habitants voisins de la côte qui ne s'en servent que pour leur usage et celui de leur famille, en s'abstenant de tout transport de marchandises ;

7° Les embarcations de deux tonneaux et au-dessous employées à la pêche en vue des côtes ou à la récolte du varech.

8° Les bateaux de plaisance de 10 tonneaux et au-dessous qui ne se livrent à aucune opération commerciale.

Si l'acte de francisation est perdu, la délivrance du nouvel acte donne lieu de noûveau au payement des droits (Loi du 27 vendémiaire an II, art. 20).

Il en serait de même pour un navire vendu à l'étranger ou capturé, qui serait autorisé à reprendre le pavillon français.

Mais, on n'exige que le prix du timbre et du parchemin, lorsque l'acte est renouvelé par suite de vétusté, de défaut de place pour l'inscription des mutations, et même pour cause de changement de forme ou de tonnage.

CHAPITRE II

Le congé est un acte de police délivré par la douane au nom du chef de l'État et qui permet au capitaine de sortir du port pour se rendre dans tel lieu désigné, avec invitation aux autorités de lui accorder au besoin secours et assistance (Loi du 27 vendémiaire an II, art. 22 ; arrêté du 30 juin 1829 ; circ. des Douanes du 15 juillet 1829).

Ce droit n'est point dû par les navires étrangers ; il a d'ailleurs sa contre-partie dans les droits de passeport qui ne sont acquittés que par les étrangers. La douane avant de délivrer le congé doit s'assurer de deux choses :

1° Que le bâtiment en faveur duquel on sollicite la délivrance du congé est bien celui dont on lui représente l'acte de francisation et qu'il réunit d'ailleurs toutes les conditions qui lui ont valu cette francisation ;

2° Que le capitaine a satisfait à toutes ses obligations actuelles et acquitté les droits dus (Arrêté du 30 juin 1829).

Le congé est délivré au port auquel le bâtiment appartient (Loi du 27 vendémiaire an II, art. 11).

Il est valable pour un an lorsque le même navire ou la même embarcation fait plusieurs voyages dans l'année, et pour toute la durée du voyage lorsqu'elle est de plus d'un an.

Dans le dernier cas, le renouvellement du congé qui, en principe, doit se faire tous les ans n'a lieu qu'au moment du départ pour un nouveau voyage (Lois du 27 vendémiaire an II, art. 5 et 22 et du 6 mai 1841, art. 20).

Le droit de congé est fixé ainsi qu'il suit (1):

DÉSIGNATION ET TONNAGE des Navires et Embarcations.		TITRE de perception.	Quotité du droit, décimes compris, par navire et par embarcation.
De 50 tonneaux et au-dessus.		Loi du 27 vend. an II, art. 26.	7.20
De 50 tonn. exclusivement à 30 tonn. inclusivement.	Autres que ceux qui font la pêche sur nos côtes.	Idem.	
	Faisant la pêche sur les côtes de France.	Loi du 27 vend. an II, art. 6 et décision ministérielle du 16 octob. 1827.	3.60
Au-dessous de 30 tonneaux.	Pontés (2).	Loi du 27 vend. an II, art. 5 et 6.	
	Non pontés.	Idem.	1.20
Bateaux et chaloupes de pilotes même quand l'Administration de la Marine tolère qu'ils se livrent accidentellement à la pêche.		Décision du 27 juillet 1849.	Franchise (3).
Embarcations affranchies de la francisation.		Loi du 27 vend. an II, art. 22 (4).	Franchise.

(1) Les bateaux français de tout tonnage y compris les bateaux pêcheurs et les allèges acquittent en Algérie un droit annuel de congé de 1 franc (sans décimes). Ordonnance 16 décembre 1843, articles 5 et 22.

(2) Tout bateau dont la cale n'est pas entièrement recouverte doit être considéré comme non ponté.

(3) Bien qu'il ne donne pas lieu à la perception du droit, le congé doit être délivré chaque année par mesure de police.

(4) D'après cet article, le droit de congé n'est dû que par les navires qui prennent la mer ou qui font des opérations commerciales.

CHAPITRE III

Le passeport est un permis de mettre en mer dont l'objet est de faire connaître que le bâtiment *étranger* qui en est porteur, sort d'un port de France, qu'il y a présenté les pièces justificatives de son origine (Lettre du 9 brumaire an VI) et a satisfait à toutes les obligations qui lui sont imposées par la loi (Lettre adm. du 4 février 1839).

Tout navire *étranger*, sortant d'un port de France, doit être pourvu d'un *passeport* (Circ. des Douanes des 7 vendémiaire an III et 9 brumaire an IV) alors même, qu'entré dans ce port en relâche forcée, il en ressort avec un acquit à caution ayant pour but de garantir éventuellement le paiement des droits de navigation (Lettre adm. du 4 février 1839).

La délivrance de cet acte a lieu dès que le capitaine est en règle envers la douane, sans qu'il soit besoin d'aucune déclaration préalable (Circ. des Douanes du 9 mars 1849). Quand à défaut d'imprimés on vise un ancien passeport, le droit est dû.

Navires étrangers.

Montant de droit. . . . . 1 fr. 20
Timbre . . . . 0 fr. 75
Total. . . . . 1 fr. 95

CHAPITRE IV

SECTION I. — **Historique.**

§ 1. — **Avant la loi de 1872.**

Sous l'Ancien Régime, le droit de tonnage était un droit d'abri à la fois fiscal et protecteur.

La loi du 27 vendémiaire an II (art. 30 et 31) lui maintint son double caractère : le droit resta fiscal puisqu'il était perçu sur les navires français et protecteur puisqu'il frappait plus durement les navires étrangers que les navires français.

1° Sous le régime de cette loi, le caboteur français, qui, sur une même mer, navigue d'un port à l'autre, paie 3 sols par tonneau ; d'une mer à une autre, il est taxé 4 sols par tonneau.

Le long-courrier français, qui vient d'une colonie ou d'un comptoir français d'Asie, d'Afrique ou d'Amérique, paie 6 sols par tonneau. Au contraire, s'il arrive d'une station de pêche, de l'étranger ou de la course, il est exempt de tout droit. Sauf en ce qui concerne la pêche et la course, cette dernière mesure ne se comprend pas très bien à première vue et semble demander quelques mots d'explication. C'est là, croyons-nous, un exemple assez frappant de « protection rationnelle ». En effet, pour bien apprécier la portée de cette mesure et l'intention de ceux qui l'ont prise, il ne faut point oublier qu'à cette époque les navires français avaient, en droit et en fait, le monopole du trafic avec les colonies et comptoirs français d'Asie, d'Afrique ou d'Amérique, puisque cette navigation leur était exclusivement réservée. De ce côté, par conséquent, ils n'avaient point besoin d'être encouragés. Il n'en était pas de même, bien loin de là, de la navigation avec l'étranger. Il était donc habile et rationnel de la favoriser par une exemption de droits.

2° Le navire étranger, à son entrée dans un port de France, qu'il soit ou non chargé, acquitte une taxe de 50 sols par tonneau que l'article 7 de la loi de floréal an X porte à 3 fr. 75. Avec les décimes, le droit pour le pavillon étranger atteint 4 fr. 50 par tonneau et cet état de choses dura jusqu'en 1866.

Toutefois, sous l'empire des nécessités commerciales, économiques et diplomatiques des brèches importantes furent successivent faites à ce système qui d'ailleurs, n'avait jamais formé dans la pensée de ceux qui l'avaient édifié un bloc intangible. Cette facilité même avec laquelle on put apporter au système en question les améliorations imposées par les circonstances et le progrès, prouve dès maintenant qu'il se prêtait mieux aux transformations et aux améliorations que le système contraire et absolu qui lui fut substitué en 1866.

La première de ces transformations date de 1817 et concernait le port de Marseille. Celui-ci se trouvait pour le commerce avec le Levant en grande concurrence avec Gênes. Jusqu'à cette époque, il avait été le marché des produits d'Orient, mais cette prépondérance menaçait de lui échapper, car Gênes était port franc et donnait ainsi aux marchands les plus grandes facilités commerciales. Afin de parer au danger de cette situation, l'ordonnance du 19 septembre 1817 accorda la franchise au port de Marseille pour tout navire entrant, que ce navire fût français ou étranger. Dès lors, la lutte pouvait reprendre à armes égales entre les deux grands ports méditerranéens.

La seconde brèche faite au système de l'an II date du traité passé avec les États-Unis le 22 juin 1822. La grande République américaine exigea la réciprocité de traitement pour son pavillon, sous la menace, en cas de refus, de frapper le coton d'un droit à la sortie. L'industrie française avait trop besoin de cette matière première que la France ne produit point pour que l'hésitation fût possible. Il fallut céder. L'Angleterre, encouragée par cet exemple, arracha la même faveur pour le transport de sa houille dans le traité du 28 janvier 1826, et les deux pavillons anglais et américain furent dès lors soumis à un droit de 3 fr. 75 au lieu de 4 fr. 50.

Mais ce régime consistant à frapper les navires d'après leur jauge était particulièrement dur et injuste pour ceux qui ne déposaient en France que des passagers et leurs effets : il pouvait suffire à les éloigner de nos ports. Les réclamations se firent nombreuses, et une décision ministérielle du 13 mars 1832 autorisa ces bâtiments à ne payer le droit de quai que d'après le nombre des passagers embarqués ou débarqués.

Une loi du 2 juillet 1836 réduisit ensuite de 3 fr. 75 à 1 franc le droit réciproque à acquitter par les navires français et anglais, d'après la convention du 28 janvier 1826.

Enfin, en 1841 une loi du 6 mai affranchit le pavillon français du droit de quai qui ne reste plus alors qu'un droit protecteur.

Dix ans plus tard, l'Algérie était assimilée à la Métropole quant au régime douanier. Le droit de quai frappa dès lors les navires qui entraient dans ses ports comme dans ceux de la France. De ce fait, la marine marchande française retirait un avantage certain. Avant l'assimilation, en effet, elle se trouvait en Algérie en concurrence avec les marines étrangères avec lesquelles elle luttait sur le pied de l'égalité, puisque tous les navires entraient en franchise dans les ports algériens. Du jour de l'assimilation, au contraire, les navires français eurent en Algérie la même protection qu'en France puisqu'ils ne payèrent point le droit de quai qui frappait seuls les navires étrangers depuis 1841. Autrement dit, le cabotage entre la France et l'Algérie était réservé au pavillon français.

Telle était la situation, quand intervinrent les traités de commerce du second Empire qui imposèrent à la marine une liberté désastreuse pour elle.

§ 2. — Loi de 1872.

Après la guerre, le législateur dut chercher des ressources nouvelles : il les demanda à la marine comme à toutes
les autres branches de l'activité nationale. Le rétablissement du droit de tonnage fut aussitôt mis en question.

Serait-il purement fiscal ou en même temps protecteur
comme sous la loi de l'an II ? Dans la pensée du gouvernement, il ne devait être que fiscal, voire même temporaire. Le ministre des finances, Pouyer-Quertier, le déclara formellement à la tribune de l'Assemblée. Aussi
pouvait-on le discuter dans la loi de finances bien qu'il
se rattachât à l'une des questions vitales de la marine
marchande. La critique faite par M. de Champvallier à ce
mode de procéder, s'appliquait d'ailleurs moins au droit
de quai qu'à la surtaxe de pavillon également introduite
dans le projet de budget. Au fond, le droit de quai restait
bien un droit perçu à l'occasion de l'usage d'un port :
aussi, semblait-il bien aux yeux de ses défenseurs qu'il
dût être perçu à raison du tonnage net du navire, car ce
tonnage, disaient-ils, donne la vraie mesure de cet usage.

Déjà, cependant, M. Clapier entrevoyait des objections
contre cette base de perception. Frapper la marchandise
au lieu de la capacité, lui eût semblé à la fois plus équitable et plus sage. En effet, à cette époque, se révélait déjà
une tendance qui s'est depuis peu à peu généralisée : la
substitution des gros navires aux petits, et, conséquence

forcée, la concentration du commerce maritime dans les grands ports. Mais il est bien clair, qu'au début surtout, un mouvement de ce genre n'est point indépendant de la législation douanière des ports.

On hésitera, en effet, à construire de gros navires, si ceux-ci en entrant dans un port doivent payer plus cher que des navires de dimension moindre, même s'ils embarquent une même quantité de marchandises. D'autre part, ce sont ces navires de fort tonnage qui favorisent le plus la concentration du commerce dans les grands ports, car, grâce à la diminution de frais généraux que permettent de réaliser leurs grandes dimensions. ils peuvent prendre le fret à un prix moins élevé que les autres et engagent ainsi les marchands et négociants à faire parcourir à leurs marchandises une distance même plus grande pour venir jusqu'à eux.

Par conséquent, frapper un navire d'après son tonnage sans tenir compte des opérations effectuées, c'était entraver cette tendance à la concentration des efforts économiques, c'était en un mot, s'opposer à la réalisation d'un progrès.

Le caractère fiscal et temporaire de la taxe, dans la pensée de ses auteurs, interdisait de s'arrêter à cet inconvénient. D'autre part, la protection était demandée à la surtaxe de pavillon le jour où le régime conventionnel permettrait de l'établir. Aussi, écarta-t-on impitoyablement toutes les propositions relatives au droit de quai ayant pour but la protection de notre marine. De ce nombre, fut

celle de M. de Kerjégu, qui frappait d'un droit différentiel
de 2 fr. 50 par tonneau de jauge le navire étranger faisant
escale pour compléter son fret et voulait ainsi protéger le
fret de sortie.

La nouvelle loi promulguée le 30 janvier 1872 décidait
qu'à l'avenir :

Les navires de tout pavillon venant de l'étranger ou des colonies
et possessions françaises, chargés en totalité ou en partie, acquitteront, pour frais de quai, une taxe fixée par tonneau de jauge, savoir :

Pour les provenances des pays d'Europe ou du bassin de la Méditerranée, 50 centimes ;

Pour les arrivages de tous autres pays, 1 fr.

En cas d'escales successives dans plusieurs ports pour le même
voyage, le droit ne sera payé qu'à la douane de prime abord. (Loi
du 30 janvier 1872, art. 6.)

La loi qui tenait compte de la provenance de la marchandise ne s'occupait ni de sa nature ni de sa quantité.
La taxe frappait le cubage, l'espace occupé par le navire
autant de fois que cet espace était occupé, alors même que
le service qu'il était susceptible de rendre au commerce
eût été inégal à raison de la nature et de la quantité des
marchandises.

D'ailleurs, la loi de 1872 ne saurait être mieux appré-
ciée que par l'étude des modifications qu'elle a subies.
Certaines des critiques qui avaient accompagné sa discussion se firent plus vives lorsqu'on fut entré dans la période d'application, et en même temps que l'on dénonçait
les imperfections, des remèdes étaient proposés aux maux
que l'on signalait.

Au cours de la discussion de la loi de 1872, MM. Germonière, de Tocqueville et quelques-uns de leurs collègues avaient déposé l'amendement suivant :

« Les navires de tous pavillons, venant des pays hors d'Europe, débarquant dans un port français des voyageurs ou des groups d'or et d'argent exclusivement, ne paieront qu'un droit de 1 franc par chaque voyageur et de 2 francs par group débarqué. »

Cet amendement, dans l'esprit de ses auteurs, avait pour but de corriger le côté excessif de la loi de 1872 relatif aux navires transportant des voyageurs. Celle-ci en effet ne distinguait point. Qu'un navire jaugeant 1.000 tonneaux et venant de La Plata à destination de Hambourg s'arrêtât au Havre pour y déposer 10 voyageurs, il devait payer sur sa jauge totale à raison de 1 franc par tonneau de jauge, soit 1.000 francs. En fait, la loi était d'une prohibition pour ce genre de navigation. Dans le système proposé, il n'aurait eu au contraire que 10 francs à payer. Mais, l'amendement ne fut même point discuté. Toutefois, comme il y avait là une véritable lacune dans la loi, une décision de la direction des douanes du 25 novembre 1872 rappelant celle de 1832, donna après coup, satisfaction aux auteurs de l'amendement et dépassa même les vœux qu'ils avaient pu former. D'après cette décision, les paquebots à vapeur servant à la fois au transport des voyageurs et à celui des marchandises, qui font escale en France, *dans le seul but d'y laisser ou d'y prendre des voyageurs*, sont admis à un traitement analogue à celui qui est appliqué aux paquebots employés uniquement au transport des voyageurs ; mais alors, on tient compte à la fois des passagers, chevaux etc. débarqués et de ceux qui sont embarqués, en appliquant d'ailleurs le tarif ci-dessous :

Chaque passager (y compris les enfants quel que soit leur âge)
    pour . . . . 1 tonneau
    Un cheval pour . . . . 2 tonneaux
    Une voiture à deux roues pour. . . . . 3 tonneaux
    Une voiture à quatre roues pour. . . . . 4 tonneaux

On perçoit, en outre, le droit de quai sur les monnaies ou lingots d'or et d'argent, à raison d'un tonneau pour chaque group ou colis.

En réalité, et bien qu'en apparence cette taxe frappât également les navires français et étrangers, elle favorisait surtout ceux-ci qui étaient par la fréquence de leurs escales plus à même que les navires français de profiter de la mesure. C'était pour ainsi dire de la protection retournée, mais qui se justifiait assez par l'intérêt qu'il y avait à favoriser à la fois nos grands ports d'émigration et ceux qui étaient en relations constantes avec les ports voisins étrangers. Ce sont des considérations spéciales et de même genre qui motivèrent les décisions ministérielles du 2 mai 1878 et du 27 juin de la même année. Aux termes de la première, les paquebots de la ligne de Hambourg à New-York, purent à leur voyage de retour débarquer en rade de Cherbourg, sans être assujettis pour ce fait au droit de quai sur leur tonnage légal, des échantillons ou même des marchandises jusqu'à concurrence de 3 tonneaux de fret par voyage.

La seconde, étendit la même facilité à toutes les lignes de paquebots faisant escale dans les mêmes conditions à Cherbourg ou dans un autre port de France.

La première modification apportée par une loi nouvelle à celle de 1872, concerne l'Algérie. Au cours de la discussion de la loi de 1872, M. Lucet fit observer combien la nouvelle loi lui serait défavorable. L'Algérie, en effet, importe des houilles et des bois que son sol ne fournit point : le nouveau droit allait gêner le développement de son commerce et de son industrie en grevant ces matières premières. D'autre part, à cette époque, son vignoble n'était point constitué et elle n'exportait que des marchandises d'une minime valeur intrinsèque, alfa, minerai sortant de la mine, etc. Les députés de l'Algérie demandèrent pour elle le maintien du *statu quo*. Le gouvernement et la commission se montrèrent hostiles à cette faveur. M. Ancel, le rapporteur, la combattit en ces termes :

« Pourquoi un régime exceptionnel pour l'Algérie ? L'Algérie, vous le savez, pèse beaucoup sur le budget de la France ; elle peut être aussi un élément de ressources, mais enfin, mettons qu'elle ait le mouvement, et de dépenses et de ressources d'un département français, il me semble qu'en l'assimilant complètement à la France, on ne peut pas lui faire une situation plus favorable et mieux méritée. »

L'Assemblée se rangea à cet avis et la navigation entre l'Algérie et la France resta seule exempte du droit, puisque par suite de l'assimilation opérée en 1851, cette navigation rentrait dans le cabotage national qui était exempt de tout droit.

Cependant, les réclamations des ports algériens ne cessèrent de se manifester. Le gouvernement essaya de leur donner satisfaction en obtenant d'une grande compagnie de navigation anglaise, la *British India Steam navigation Company*, que ses navires fissent escale à Alger au cours de leurs voyages en Orient. Cette compagnie répondit que les droits de quai lui imposaient une charge beaucoup trop lourde pour le bénéfice éventuel des escales. Notre gouvernement se trouvait ainsi aux prises avec une des difficultés résultant de cet antagonisme malheureux entre la marine marchande et le commerce.

Cette fois, comme tant d'autres, la marine marchande nationale dut être sacrifiée, et une loi du 20 mars 1875 modifia de la façon suivante la loi de 1872, relativement à la perception du droit de quai dans les ports de l'Algérie :

Art. 1ᵉʳ. — Le droit de quai de 0 fr. 50 ou de 1 franc par tonneau de jauge établi par la loi du 30 janvier 1872 sera perçu dans les ports de l'Algérie, par tonneau d'affrètement sur les marchandises débarquées.

Art. 2. — Le droit de quai sera également perçu proportionnellement au nombre de passagers débarqués et fixés comme suit :

1° Un tonneau par chaque passage débarqué, chaque enfant, quel que soit son âge, étant compté pour un passager ;

2° Deux tonneaux pour un cheval ;

3° Trois tonneaux par voiture à deux roues et 4 tonneaux par voiture à plus de deux roues.

Les bagages des passagers, y compris les petites provisions de voyage qu'ils ont avec eux, ne seront pas comptés dans l'évaluation des marchandises débarquées.

A partir de cette loi, par conséquent, les navires n'étaient plus frappés du droit de quai en Algérie d'après leur capacité, mais bien d'après les opérations de commerce réellement effectuées. Encore l'exportation des produits algériens était-elle favorisée d'une manière toute spéciale, puisque l'embarquement des marchandises était dégrevé de tout droit. La navigation d'escale recevait ainsi un encouragement marqué, et malheureusement la marine étrangère une faveur certaine. On ne s'en étonnera point d'ailleurs, quand on se rappellera les pourparlers entre le gouvernement français et la *British India Steam navigation Company* qui avaient précédé l'élaboration de la loi. Mais, si en fait, la marine étrangère s'est trouvée favorisée par la nouvelle loi, on ne peut pas dire que cette faveur soit une conséquence fatale de la modification survenue dans la législation. En effet, contrairement à ce qui se produit pour les ports français, comme Dunkerque, Boulogne, Le Havre, etc., les ports de l'Algérie sont aussi bien sur le chemin des lignes de navigation française à l'étranger que sur les lignes de navigation étrangère. De cette infériorité de fait, il ne faut donc accuser que le développement insuffisant de notre marine marchande.

En même temps qu'il modifiait la base de perception du droit de quai, le législateur de 1875 avait dû prescrire une façon d'évaluer les marchandises débarquées et nous avons vu qu'il avait choisi comme unité de mesure le tonneau d'affrètement. Or, nous aurons occasion de dire à nouveau et de démontrer ultérieurement, qu'un navire peut débarquer un nombre de tonneaux d'affrètement supérieur au chiffre de sa jauge légale. Dans ce cas, la soi-disant faveur introduite dans la loi de 1875 se serait retournée contre le navire qui aurait eu plus à payer que sous l'empire de la loi de 1872. La douane d'ailleurs, ne se fit point faute tout d'abord d'interpréter avec cette rigueur la loi de 1875, contre l'intention quasi-évidente du législateur lui-même. Aussi celui-ci dût-il décider dans une nouvelle loi du 12 mars 1877, qu'en aucun cas, un navire ne pourrait être tenu de payer une somme supérieure à celle qu'il aurait dû acquitter sous l'empire de la loi de 1872. Celle-ci devenait donc un maximum, qu'en aucun cas on ne pouvait dépasser.

Par un désir d'uniformité peut-être excessif, le législateur de 1875 ne fit peser le droit que sur les voyageurs débarqués. Au point de vue de la colonisation, le contraire eût peut-être été plus sage. Fort heureusement, l'exiguïté même du droit le rend à la fois incapable, et de favoriser l'embarquement des voyageurs et de nuire à leur débarquement en Algérie.

Quand ils virent le traitement de faveur accordé à l'Algérie, les ports de la Métropole réclamèrent à leur tour un régime plus favorable aux escales de navires à passagers. La loi du 29 juillet 1881 réalisa leurs vœux dans son article 7 ainsi conçu :

« Par exception aux prescriptions de la loi du 30 janvier 1872, les paquebots affectés au transport des voyageurs ne seront soumis au droit de quai qu'à raison du nombre des passagers, chevaux et voitures qu'ils *auront à bord* et de la quantité de marchandises qu'ils apporteront, pourvu que le poids total de ces marchandises calculé sur le pied de 500 kilogs pour 1 tonneau ne représente pas le 1/10 de leur tonnage net légal. »

C'était la première fois en France que l'on établissait, en vue de la perception d'un droit d'État (1), un rapport entre la quantité réelle de marchandises et la jauge légale. D'ailleurs, pour permettre de bien apprécier la portée de la faveur accordée par la loi nouvelle aux paquebots affectés au transport des voyageurs, nous allons successivement examiner le sort fait à l'un de ces paquebots par la loi de 1872 et celui que lui accorda celle de 1881. Supposons en effet un navire de 500 tonneaux de jauge nette, ayant à son bord 45 tonneaux de marchandises et 200 voyageurs et allant de Southampton au Havre (2). Sous le régime de la loi de 1872, ce navire eût payé 0 fr. 50 par tonneau de jauge soit 250 francs. Avec la loi de 1881, comme il n'apporte pas le dixième de son tonnage net légal, il ne paiera que d'après le nombre de voyageurs qu'il a à son bord et celui de marchandises apportées, soit : 200 passagers à 0 fr. 50 = 100 francs + 45 tonneaux de marchandises à 0,50 = 22 fr. 50. Total 122 fr. 50.

Toutefois, on laissa toujours aux navires le choix d'opter soit pour la loi nouvelle, soit pour la loi ancienne. Il pou-

---

(1) Ce rapport, en effet, servait déjà de base à la perception de nombreux péages locaux.

(2) Dans le port du Havre, c'était le seul navire pouvant profiter de la loi de 1881.

vait en effet arriver que, dans certains cas, celle-ci fût préférable à celle-là.

Supposons un navire dans les mêmes conditions, mais ayant à bord 500 passagers et 48 tonneaux de marchandises. D'après la loi de 1872, il aurait eu à payer 500 tonneaux à 0 fr. 50 = 250 francs. D'après celle de 1881, il aurait dû au contraire payer 500 tonneaux à 0 fr. 50 = 250 francs + 48 tonneaux à 0 fr. 50 = 24 francs. Total : 274 francs, soit une augmentation de 24 francs. Mais en vertu du choix qu'il pouvait faire, il n'avait plus à payer que 250 francs.

La loi du 29 juillet 1881 favorisait donc la navigation des navires à passagers. Une décision ministérielle du 25 mai 1882 étendit la même faveur aux navires pêcheurs qui apportent, indépendamment du produit de leur pêche, des marchandises provenant manifestement d'établissements français et représentant un nombre de tonneaux de fret inférieur au 1/10 de leur tonnage net légal. Ces navires ne durent acquitter le droit de quai que sur le nombre de tonneaux correspondant aux quantités de marchandises transportées.

Malgré ces modifications successives apportées au régime de la loi de 1872, les protestations de l'armement ne cessaient point contre elles et inspirèrent en 1888 à M. Le Cour-Grandmaison une nouvelle proposition de loi. Son auteur réclamait, dans l'intérêt du Trésor, un décime d'augmentation au droit de quai, mais il voulait qu'on en exemptât le pavillon national. Cette dernière mesure n'aurait d'ailleurs pu entrer en vigueur que le jour où la France eût été dégagée de ses obligations internationales : aussi, la proposition n'aboutit point.

En 1891, deux nouveaux assauts sont donnés à la loi de 1872.

Le 12 mars, M. Chiché propose de calculer le droit de quai d'après la tonne métrique des marchandises débarquées aux ports d'escale français quand elles n'atteindront pas 1/10 de la jauge nette en comptant le tonneau par 500 kilogs ou demi-tonne métrique.

Cette proposition, on peut le dire, donnait à peu près satisfaction à tous les desiderata jusqu'alors exprimés. En effet, trois griefs principaux s'étaient élevés contre la législation alors en vigueur :

1° On reprochait à la loi de 1872 de ne point tenir compte des opérations de commerce réellement effectuées et de frapper d'une façon toute différente en réalité, deux navires de même jauge opérant des chargements ou des déchargements différents. Par exemple deux navires de 1.000 tonneaux dont l'un embarquait 500 tonneaux et l'autre 100 payaient tous deux mille francs: l'égalité de traitement, bien qu'apparente, était donc loin d'être réelle. Cette critique disparaissait naturellement avec la proposition Chiché.

2° Des objections avaient été faites à la façon dont la douane interprétait l'article 1er de la loi de 1872. On avait notamment dit que malgré les mots chargés en totalité ou en partie, il était injuste de faire payer le droit de quai aux navires qui entrant partiellement chargés ne débarquaient rien et se contentaient de compléter leur fret, puisqu'on ne faisait rien payer aux navires sur lest. La proposition Chiché donnait satisfaction à cette opinion puisqu'elle ne frappait que les opérations de débarquement.

3° Enfin, on avait reproché à la loi du 29 juillet de n'avoir accordé de faveur qu'aux navires transportant uniquement des voyageurs ou même à la fois des voyageurs et des marchandises, mais de ne l'avoir point étendue aux navires ne transportant que des marchandises. Cette lacune était comblée par la proposition Chiché.

Toutefois, outre cette extension de faveur, il y avait une différence notable entre la proposition dont nous nous occupons et la loi de 1881. Dans celle-ci, en effet, lorsque les marchandises à bord ne représentaient pas le 1/10 de la jauge nette, on devait payer sur les marchandises à bord prises dans leur ensemble . Exemple : un navire de 1000 tonneaux de jauge nette renferme 90 tonneaux de marchandises : il en débarque seulement 10 tonneaux : malgré cela, il paie le droit de quai sur 90 tonneaux. Aux termes de la proposition Chiché, il n'aurait plus payé au contraire que sur les 10 tonneaux débarqués.

La Commission d'initiative approuva la proposition, mais l'état des travaux parlementaires n'en permit même pas la discussion. La loi de 1897 devait plus tard lui emprunter la base du calcul du droit, la base métrique.

Au cours de la même année, M. Pierre Leroux fit une

. proposition aux termes de laquelle l'article 7 de la loi de 1881 eût été applicable à tout navire qui ne décharge pas plus de 1/10 de son tonnage. Inspirée par la proposition Chiché, elle eut le même sort que celle-ci.

En 1893, nous devons seulement signaler une loi qui a donné la maîtrise des péages locaux aux villes et corporations intéressées. Nous l'étudierons à sa place, mais nous trouverons bientôt un essai d'application au droit de quai de l'idée qui l'a inspirée.

Une difficulté s'éleva un peu plus tard à propos des navires à vapeur entrant dans nos ports pour y faire seulement du charbon afin de pouvoir continuer leur voyage, sans débarquer ni voyageurs, ni marchandises. A prendre à la lettre le texte de la loi, on aurait dû leur appliquer le droit de quai. C'eût été un peu dur, car dans le cas cité, la relâche n'est pas volontaire : d'autre part, c'eût été maladroit, car, même pour une opération aussi simple, le commerce a toujours intérêt à ce qu'un port soit visité. L'administration des douanes décida en conséquence, dans sa circulaire du 31 juillet 1894, que ces navires seraient considérés comme en relâche forcée et exonérés du droit de quai.

Le régime de faveur qui avait été accordé à l'Algérie fut supprimé le 28 décembre 1895 par l'article 14 de la loi de finances aux termes duquel la perception du droit de quai devait désormais avoir lieu en Algérie d'après les mêmes règles qu'en France, c'est-à-dire sur les bases établies par la loi du 30 janvier 1872. Les ports algériens

étaient donc replacés sous le régime du droit commun, ce
qui souleva leurs protestations ; d'autre part, la navigation entre la France et l'Algérie était exempte du droit de
quai et réservée au pavillon français (1). Cette dernière
mesure protégeait d'une façon assez efficace la marine
marchande nationale. Nous ne citerons à l'appui de cette
affirmation qu'un exemple assez frappant, celui de la
Compagnie havraise péninsulaire. Celle-ci a plusieurs lignes reliant le Havre à l'étranger et à l'Algérie. Comme
elle n'a point de navires en nombre suffisant pour assurer le service de ces lignes, elle affrète des navires étrangers destinés à parfaire le nombre des siens. Or, avant la
loi de finances de 1895, elle employait indifféremment
pour les lignes du Havre en Algérie des navires français
et des navires étrangers. Désormais, cette faculté lui est
interdite et elle est obligée de réserver les navires français
pour sa ligne d'Algérie.

Cette modification est la dernière qu'ait subie le régime

(1) A vrai dire, cette décision avait été prise antérieurement par la
loi du 2 avril 1889, qui modifiant la loi du 19 mai 1866 avait réservé
à nouveau au pavillon français la navigation entre la France et l'Algérie. Toutefois, cette loi ne pouvait avoir son effet, en ce qui concernait les pays contractants, que le 1er février 1892, à l'expiration
des traités de commerce. Cependant, le 9 mai 1892 une proroga-
tion de traités fut conclue avec la Belgique et la Grèce et de ce fait
tous les pays jouissant du régime de la nation la plus favorisée furent englobés dans cette faveur qui accordait la navigation entre la
France et l'Algérie.

La loi du 28 décembre 1895 ne fut que la confirmation de la loi du
2 avril 1889 : les traités et prorogations étant échus permettaient
son application.

du droit de quai tant en France qu'en Algérie avant la loi de 1897. Aussi croyons-nous devoir, avant d'aborder les discussions qui ont précédé le vote de celle-ci, donner un tableau d'ensemble de la législation sur la matière telle qu'elle se présentait à la veille du vote de cette loi.

§ 3. — Régime en vigueur à la veille de la loi de 1897.

A. — Régime général.

Il est constitué par le texte même de la loi du 30 janvier 1872 et s'applique en dehors d'une dérogation spéciale.

B. — Régimes spéciaux.

1° Paquebots ne transportant que des voyageurs.

Les paquebots affectés au transport des voyageurs ne sont soumis au droit de quai qu'à raison du nombre de passagers *qu'ils ont apportés.*

On compte : Chaque passager. . . . . 1 tonneau.
Un cheval. 2   »
Une voiture à 2 roues 3   »
Une voiture à 4 roues 4   »

Il est permis à ces paquebots de transporter des petits colis d'échantillons ou d'articles de messageries pourvu que le poids séparé de chacun de ces colis ne dépasse pas 6 kg. 25 ; ils peuvent aussi en franchise du droit de quai transporter des monnaies d'or et d'argent.

Ils sont également autorisés à apporter du *poisson frais,*

mais alors le droit de quai sera perçu à raison de 1 tonneau par 500 kilog. de poisson.

2° *Paquebots transportant des voyageurs et des marchandises.*

Les paquebots à vapeur, *servant à la fois* au transport des *voyageurs* et à celui des *marchandises*, qui font *escale* en France dans le SEUL but d'y laisser ou d'y prendre des voyageurs, paient le droit de quai sur le nombre de passagers *débarqués* et *embarqués*, et sur les monnaies ou lingots d'or et d'argent à raison d'un tonneau par groupe ou colis.

Toutefois, il est permis à ces paquebots de débarquer des marchandises jusqu'à concurrence de 3 tonneaux de fret.

3° *Paquebots transportant des voyageurs et des marchandises ne représentant pas le 1/10 de leur tonnage net légal.*

Les paquebots *affectés au transport des voyageurs* qui apportent également des marchandises, ne sont soumis au droit de quai qu'à raison du nombre de passagers, chevaux, voitures *qu'ils ont à bord* et de la quantité de marchandises qu'ils apportent, pourvu que le poids total de ces marchandises, calculé sur le pied de 500 kg. pour un tonneau, ne représente pas le 1/10 de leur tonnage net légal.

Il n'y a pas lieu de distinguer entre les marchandises

qui doivent être mises à terre et celles qui resteraient à bord.

4° *Navires pêcheurs.*

Les navires pêcheurs, qui rapportent indépendamment du produit de leur pêche, des marchandises provenant manifestement des établissements français et qui représentent un nombre de tonneaux de fret inférieur au 1/10 de leur tonnage net légal, ne paient le droit de quai qu'à raison du nombre de tonneaux de marchandises transportées.

5° *Régime de l'Algérie.*

Le droit de quai est appliqué en Algérie sur les mêmes bases que celui de la Métropole (Loi du 28 décembre 1895). Il est supprimé entre l'Algérie et la France

Exemptions.

Le droit n'est pas applicable :

1° Aux navires arrivant sur lest, qu'ils repartent chargés ou non ;

2° Aux navires faisant le cabotage, même après une escale à l'étranger pour débarquer des marchandises (Déc., 4 juillet 1889) ;

3° Aux navires ayant acquitté la taxe au port de prime-abord qui font des escales successives dans plusieurs ports pour le même voyage ;

4° Aux navires de guerre et à ceux assimilés ;

5° Aux paquebots affectés à la pose des câbles télégraphiques sous-marins ;

6° Aux yachts de plaisance ;

7° Aux navires en relâche forcée ;

8° Aux navires relâchant volontairement et repartant sans avoir fait aucune opération de commerce.

§ 4. — Discussions qui ont précédé et accompagné le vote de la loi de 1897.

Malgré les modifications et, disons-le, les progrès apportés au régime primitif établi par la loi de 1872, la base mauvaise sur laquelle reposait le droit de quai avait été maintenue sauf les exceptions signalées et donnait lieu aux critiques les plus vives et les plus justifiées. On citait couramment l'exemple d'un vapeur allemand le « Dresden » qui avait apporté de Bahia à la Pallice 300 tonnes de marchandises : il dut acquitter 3110 fr. 40 de droits de quai, soit plus de 10 francs par tonne de marchandises réellement débarquées.

Plusieurs compagnies de navigation française durent modifier leur itinéraire et supprimer des escales. Celle du Pacifique renonça entre autres à l'escale de la Pallice. La Compagnie Anglaise qui en 1879 avait acquitté dans ce port 75,000 francs de droits n'en paya plus en 1891 que 793 fr. 05, parce qu'elle avait décidé de refuser toute partie de cargaison dont le fret n'atteindrait pas au moins 7,500 francs.

M. André Lebon crut trouver un remède à cet état de choses dans une adaptation au droit de quai du principe de la loi de 1893. Chaque port aurait eu le choix du régime fiscal qui lui eût semblé le meilleur pour la perception du droit de quai ; sa quotité aurait été calculée d'après ce qu'il avait jusque-là donné au Trésor. Mais ce choix n'eût été qu'un avis, une proposition dont l'acceptation devait être réservée à l'autorité supérieure, tandis que pour les péages locaux, le décret qui les consacre n'est que la manifestation de la volonté des intéressés, qu'il doit ratifier sans la modifier en vertu d'une loi antérieure.

Cette proposition fut repoussée pour une double raison de droit public et d'ordre économique. En premier lieu, une taxe perçue au profit de l'Etat ne se comprend pas sans uniformité (1). La loi ne se conçoit chez nous qu'égale pour tous, même dans sa forme d'application.

En second lieu, donner aux petits ports la faculté de choisir le mode de perception et par conséquent le taux d'une taxe qui de leur part n'a fourni qu'un rendement insignifiant, c'eût été les autoriser à réduire le droit de quai à un niveau beaucoup plus bas que dans les grands ports où le chiffre perçu jusque-là par l'Etat s'était élevé à une somme considérable. L'Etat n'y aurait rien perdu, mais les grands ports pouvaient craindre de voir une partie de leur trafic détourné au profit des petits. Cette tendance eût été d'autant plus funeste que le progrès consiste plutôt, comme nous l'avons vu, dans le développement de quelques grands ports et

----

(1) Il y a pourtant comme nous l'avons vu une exception à cette règle en ce qui concerne le port de Marseille où le droit de permis n'est pas perçu en vertu de la loi de 1817.

dans la concentration des affaires au sein de ceux-ci. La proposition Lebon se heurtait en outre à des difficultés pratiques que son auteur ne semblait point avoir prévues. Au cas où une épidémie aurait sévi dans un port, interdisant de ce fait l'entrée de ce port pendant une durée plus ou moins longue qui, aurait eu à subir le déficit provenant de ce fait ? Qui aurait au contraire bénéficié des excédents de recettes possibles ? Autant de questions restées sans réponse.

M. Adam déposa à la proposition Lebon un amendement dont voici la teneur : « Le droit de quai ne sera perçu que sur la quantité de marchandises débarquées et embarquées, exprimée en tonnes métriques, sans que le droit à percevoir puisse être supérieur à celui qui serait perçu si on prenait pour base le tonneau de jauge légale. »

L'amendement eut le même sort que la proposition elle-même. Mais il est cependant intéressant d'examiner les deux principes qu'il contient et qui tous deux, dans une mesure plus ou moins grande, ont inspiré le législateur de 1897. Le premier pourrait se formuler ainsi : « Le droit de quai ne doit en rien frapper la capacité du navire, mais seulement les opérations de commerce réellement effectuées.» C'est donc l'antithèse absolue de l'idée qui avait inspiré le législateur de 1872. Nous verrons que celui de 1897 a adopté un moyen terme. L'autre est la consécration de cette idée, que le nouveau régime du droit de quai ne devait être en rien plus onéreux que le précédent et que celui-ci devait être un maximum qu'en aucun cas on ne devrail dépasser. Cette idée fut respectée en 1897 et consacrée comme nous le verrons par un article de la loi nouvelle, non moins que par les déclarations du ministre du commerce, M. Henri Boucher, qui, à plusieurs reprises, affirma que l'œuvre à laquelle il conviait le Parlement était uniquement une œuvre de « péréquation fiscale ».

Ce fut donc en 1896 que les partisans de la réforme du droit de quai résolurent de tenter un suprême effort avec l'aide du gouvernement favorable à une modification de la loi de 1872. Mais pour atteindre un tel but, le choix des moyens n'était pas indifférent. Suivre la voie ordinaire et soumettre la proposition ou le projet de loi aux trois lectures semblait bien long et bien hasardeux : le travail parlementaire n'est-il pas souvent stérile, en effet, quand il suit la voie réglementaire. Réclamer l'urgence pouvait être très imprudent et compromettre l'existence même du projet au cas où elle n'eût point été admise. On trouva plus simple de glisser subrepticement la réforme dans la loi de finances dont le vote hâtif permettrait peut-être de la faire passer comme beaucoup d'autres. Le rapport général déposé par M. Krantz à la Chambre, le 11 juillet 1896, était muet sur la question, malgré son importance. La commission du budget chercha le moyen de concilier les intérêts du Trésor et ceux du commerce. Le premier qui s'offrit à elle était de faire payer un droit de quai sur les marchandises débarquées et embarquées, c'est-à-dire sur les opérations de commerce réellement effectuées et non plus sur la capacité du navire. C'était, si on se le rappelle, la base proposée peu de temps auparavant dans un amendement de M. Adam. Mais la commission craignit par la taxe sur les marchandises embarquées de gêner le commerce d'exportation qui pourrait y voir l'équivalent d'un droit de sortie. Elle se rallia alors à l'idée de porter purement et simplement le droit de 1 franc à 1 fr. 25 et de 0 fr.50 à 0 fr. 65 selon la provenance du navire et de ne frapper que la marchandise débarquée. Le commerce protesta en même temps que la marine contre cette facilité donnée à la concurrence de la marine marchande étrangère. Celle-ci, en effet, pourrait venir plus que jamais prendre dans nos ports le fret léger qui complète si heureusement son fret lourd. L'urgence avait été demandée et le vote obtenu précipitamment des députés, malgré les protestations de l'abbé Lemire qui essaya de faire remarquer qu'une telle faveur cadrait mal avec le traitement inégal imposé de fait à nos navires pour leurs frais de port à l'étranger.

Au Sénat, M. Le Cour Grandmaison fit valoir les mêmes raisons et demanda la disjonction d'un projet voté à la hâte, comme un expédient.

Le 20 mars 1897, sur le rapport de M. H. Morel, le Sénat repoussa le texte voté par la Chambre et exigea sa disjonction du projet de loi de finances afin de lui réserser l'examen que comportait son importance.

A la Chambre, M. de Lasteyrie tenant compte des critiques du Sénat, proposa de conserver les droits augmentés de 1 fr. 25 et 0 fr. 65 et de les percevoir soit sur les marchandises débarquées, soit sur celles embarquées, mais seulement sur la plus importante de ces opérations.

Le Gouvernement fait alors observer qu'il veut une loi de péréquation et non pas la création de nouvelles charges. Il accepte bien de frapper les opérations d'embarquement, mais à la double condition que seule l'opération la plus forte sera taxée, et d'autre part, que les navires entrés sur lest continueront comme par le passé à être exempts de toute taxe sur leur embarquement. Dans aucun cas, le total à percevoir par la douane ne pourrait dépasser le maximum de ce qu'elle aurait exigé d'après la taxation de 1872.

La loi de finances subit donc une modification en ce sens et fait retour au Sénat. La Haute Assemblée maintient de nouveau sa demande de disjonction, et le 1er avril, la Chambre pour en finir vote une seconde fois la réforme dans une loi séparée du budget.

Avant que la loi ne vînt en discussion au Sénat le Gouvernement consulta les Chambres de commerce, la Commission des armements et la Commission extraparlementaire de la marine marchande.

Avis des Chambres de commerce.

Sur 41 avis exprimés, 22 se montrèrent favorables à la nouvelle loi, et parmi elles les Chambres de commerce du Havre et de St-Nazaire. Dix firent des réserves : parmi elles celles de Dunkerque, Bordeaux, Rouen, Granville, Honfleur et Oran. De ces trois derniers ports, les deux premiers demandaient une exemption en faveur des produits agricoles et horticoles embarqués. La taxe leur apparaissait comme un droit de sortie capable de se répercuter sur le commerce et de nuire à son exportation.

Boulogne et Calais avaient formulé les mêmes critiques.

St-Malo poussant plus loin l'étude de l'incidence des droits avait cru pouvoir établir que, si le débarquement était supérieur à l'embarquement, l'importation en subirait la charge ; dans le cas contraire, l'exportateur aurait en fin de compte acquitté le droit.

Bône, à peu près dans le même ordre d'idées, croit trouver le critérium d'une péréquation équitable du droit, dans la taxation d'après la valeur des produits embarqués ou débarqués combinée avec la jauge du navire.

St-Brieuc, au nom de l'équité ne veut point de maximum : la loi est fiscale, elle doit frapper selon l'importance réelle des chargements et déchargements.

La Chambre de commerce de Marseille présenta une série d'observations qui eurent de l'influence sur le vote définitif de la loi.

Tout d'abord la marchandise supportera plus facilement le droit s'il est perçu sur les opérations réelles de commerce et non sur la jauge nette du navire. L'exemple d'un navire venant du Brésil et touchant à Marseille pour y embarquer des marchandises à destination de Gênes, est frappant. D'après la nouvelle loi, il doit payer 1 fr. 25 par tonne embarquée, car il arrive du long-cours ; au contraire, s'il avait touché à Gênes à son retour de Brésil pour y charger à destination de Marseille, il n'aurait acquitté que 0 fr. 65 par tonne, car il serait venu du cabotage international : or la douane ne peut raisonnablement prendre plus cher pour le voyage de Marseille à Gênes que pour celui de Gênes à Marseille. De même, un navire français charge à Marseille pour le long-cours : il paie 1 fr. 25 par tonne ; au contraire, un italien ne paie que 0 fr. 65 parce qu'il vient du cabotage international, quelle que soit d'ailleurs sa destination. Le système de la nouvelle loi aurait dû, pour être équitable, tenir compte de la provenance pour les opérations de débarquement, et de la destination pour celles d'embarquement, sans les soumettre au même régime. Marseille aurait préféré le maintien de la loi de 1872 : sans doute, elle grevait déjà l'armement, mais le défaut d'outillage ne devait faire qu'aggraver la facilité donnée aux cargo-boats étrangers de faire la cueillette dans nos ports d'escale. Marseille ne voulait pas maintenir au navire entré sur lest la faveur de ne pas payer sur les marchandises embarquées. Enfin elle demandait pour le calcul du droit, de combiner la tonne métrique avec la jauge légale. Le taux du droit devait être maintenu à 1 franc et 0 fr. 50 selon la provenance, pourvu que le Trésor n'y perdît pas.

La Chambre de commerce de Fécamp proposait un régime analogue, sauf que les marchandises embarquées n'acquitteraient qu'un demi-droit.

Avis de la Commission des armements.

La Commission des armements demandait le maintien

de la loi de 1872 en faisant des réserves pour l'Algérie seule. Par l'organe de M. Bernard son rapporteur, elle exposa quels étaient à ses yeux les deux avantages de la réforme proposée. D'un côté, les ports recevraient la visite d'un plus grand nombre de navires ; le commerce, d'un autre côté y trouverait son compte, car pour les importations d'un pays non relié à la France par une ligne régulière, il aurait la facilité de recevoir quelques centaines de tonnes sans être obligé de faire venir un chargement complet. Pour les exportations, le même avantage se présenterait quoiqu'avec une bien moindre portée, leur chiffre avec les pays non reliés à la France par des lignes régulières étant relativement faible. Au fond, l'intérêt du commerce est de provoquer la plus grande concurrence possible entre le pavillon français et l'étranger pour avoir les meilleures conditions de fret : or, les droits de quai gênent l'étranger, donc il faut l'en exonérer dans l'intérêt du commerce français.

Le rapporteur de la Commission fit valoir contre ces avantages, le fait que toute concurrence raisonnable suppose des moyens d'action égaux. Or, nos ports se trouvant justement sur le passage de tous les navires étrangers, ceux-ci trouveraient un complément de chargement léger au lourd qu'ils portent d'ordinaire, et, pouvant le prendre à tout prix, ils deviendraient vite les maîtres de notre fret. Est-ce là un résultat désirable ? Tel ne fut point l'avis de la Commission des armements. L'intérêt primordial est celui de notre marine marchande : le sort du commerce est lié au sien. Sacrifier la marine française, c'est atteindre notre commerce.

Avis de la Commission extra-parlementaire de la Marine marchande.

L'intérêt de son avis réside dans l'unanimité avec laquelle il a été formulé, sauf sur un seul point : la faveur accordée aux navires entrés sur lest. Un armateur de Marseille, M. Estier, fut chargé du rapport. En voici la substance :

1° La Commission se prononce pour le maintien de la jauge comme base du droit de quai. Sans doute, il ne sert pas à entretenir le port comme un péage local, mais il est de toute équité d'en payer l'usage d'après la dimension du navire. Tous les pays maritimes, à part l'Espagne, prennent la jauge comme base de perception des droits de port ;

2° Il est de notoriété publique que certains navires, grâce à une habile construction, parviennent à n'être taxés que d'après une jauge légale bien inférieure à leur capacité réelle. Alors, on fera bien de tenir compte des opérations effectives de chargement et de déchargement, car les marchandises qui en sont l'objet se servent du port et lui doivent bien de ce chef une rémunération ;

3° La combinaison de ces deux éléments, la jauge nette et la quantité de marchandises, devra être établie par paliers. Exemple, toute la taxe sera due si l'opération exprimée en tonnes métriques représente la moitié de la jauge nette ; il ne sera perçu qu'une demi-taxe quand l'opération équivaudra au 1/4 de la jauge nette et seulement le 1/4 du droit si l'opération n'atteint au maximum que le 1/10 du tonnage légal ;

4° Le taux devra être de 1 franc ou de 0 fr. 50, selon que le long-cours ou le cabotage seront la provenance ou la destination du navire ;

5° Aucune faveur ne devra être accordée au navire sur lest pour deux raisons :

A. — En 1896, on a remarqué que les navires sur lest avaient seulement chargé la moitié de leur tonnage légal. La perception opérée par le Trésor de ce chef étant insignifiante, il n'y a pas à craindre une répercussion du droit sur la cargaison ;

B. — L'étranger fait acquitter tous les droits à nos navires entrés sur lest : pourquoi ne pas lui infliger le même traitement ?

Le Sénat se trouva donc, en juillet 1897, en présence de trois systèmes différents : celui de la « Commission des armements » qui consistait à conserver la loi de 1872, c'est-à-dire à ne frapper que la capacité du navire sans tenir compte des opérations de commerce réellement effectuées ; — celui du Gouvernement amendé par la Chambre et absolument contraire au précédent, c'est-à-dire ne tenant compte que des opérations de commerce réellement effectuées ; — enfin, un système mixte, celui de la Commission extra-parlementaire de la Marine marchande et de la Chambre de commerce de Marseille consistant à tenir compte à la fois et de la capacité du navire et des opérations de commerce effectuées par lui en établissant un rapport entre ces deux éléments.

La « Commission des armements » composée de gros armateurs et de représentants des grandes Compagnies de navigation subventionnées avait tout intérêt au maintien de la loi de 1872, et l'avis qu'elle donna s'explique facilement. Une modification dans la législation ne pouvait que favoriser la navigation d'escale et permettre aux navires étrangers de venir concurrencer les nôtres. Au contraire, dans les sphères gouvernementales et à la Chambre, la voix du commerce avait été la plus forte et était à peu près parvenue à étouffer celle des défenseurs de la marine marchande : aussi le projet du Gouvernement amendé par la Chambre ne tenait-il compte que des opérations de commerce réellement effectuées, favorisant ainsi au plus haut point la navigation d'escale des étrangers. On peut dire que dans la commission extra-parlementaire de la marine marchande, les deux courants s'étaient réunis et s'étaient joints sans que l'un des deux parvînt à dominer l'autre. Aussi avons-nous pu appeler mixte, le système proposé par cette commission et qui à très peu de choses près devint la loi de 1897. Comme nous le verrons, il y est à la fois tenu compte et de la jauge du navire et des opérations de commerce effectuées.

Au sein du Parlement, ces deux tendances différentes s'étaient manifestées : la Chambre semblait disposée à écouter la voix du commerce, le Sénat, celle de la marine marchande. Toutefois, comme au sein de la commission extra-parlementaire, l'accord ne tarda pas à se réaliser. Le Gouvernement proposa son nouveau projet au Sénat dans la séance du 9 juillet 1897. Le ministre du commerce, M. Henri Boucher, demande l'urgence ; M. Tillaye la combat : il s'agit selon lui de mettre un droit à la sortie des marchandises : c'est, dit-il, une grave atteinte aux principes de notre régime douanier : une telle mesure ne saurait être adoptée sans une étude approfondie. M. Godin appuie cette manière de voir : il rappelle la concurrence que font à nos ports, Rotterdam et Anvers, et regrette que l'on ne donne pas à la discussion toute l'ampleur qu'elle comporte. Le ministre réplique qu'il s'agit moins de proclamer un principe nouveau que de mener à terme une œuvre de péréquation et de dégrèvement. M. Le Cour Grandmaison riposte à son tour, que s'il y a dégrèvement c'est en faveur de l'étranger. Jamais, en dépit des apparences, les Anglais ne font subir le même traitement au pavillon étranger et au pavillon national. L'honorable sénateur demande en vain au Gouvernement s'il espère avoir une compensation ou s'il se contente d'émettre le vœu platonique d'en obtenir une, devant une majorité dont le siège est fait. Le Sénat adopte, en effet, le projet du Gouvernement appuyé par la commission.

A la Chambre, dans la séance du 10 décembre 1897, M. de Lasteyrie critiqua le système des paliers adopté par le Sénat, comme trop compliqué pour la perception du droit. En outre, il fit remarquer que le Sénat avait oublié les navires qui aux escales ne font que prendre ou déposer des voyageurs. Sans doute, la décision ministérielle de 1872 renouvelée de celle de la Restauration pouvait être considérée comme toujours en vigueur, mais le législateur ferait mieux de s'en expliquer. Le rapporteur conclut néanmoins à l'adoption du projet, et la loi nouvelle fut définitivement votée le 27 décembre 1897.

SECTION II. — Loi du 27 décembre 1897.

La loi du 27 décembre 1897 renferme 6 articles dont voici le texte :

Art. 1er. — Les navires de tous pavillons, chargés en totalité ou en partie, venant de l'étranger ou des colonies françaises autres que l'Algérie, acquitteront le droit de quai dans les ports de France et d'Algérie d'après le tarif suivant : Un franc (1 fr.) par tonneau de jauge nette si le nombre total de tonnes métriques (1.000 ks.) de marchandises débarquées ou embarquées est supérieur à la moitié de la jauge nette du navire ; — Cinquante centimes (0 fr. 50) par tonneau de jauge nette, si le nombre total de tonnes métriques de marchandises débarquées ou embarquées est égal ou inférieur à la moitié de la jauge nette, et supérieur au quart de cette jauge ; — Vingt-cinq centimes (0 fr. 25) par tonneau de jauge nette, si le nombre total de tonnes métriques de marchandises débarquées ou embarquées est égal ou inférieur au quart de la jauge nette et supérieur au dixième de cette jauge ; — Dix centimes (0 fr. 10) par tonneau de jauge nette, si le nombre total des tonnes métriques de marchandises débarquées ou embarquées est égal ou inférieur au dixième de la jauge nette. Cette taxe sera réduite de moitié pour les navires débarquant des marchandises, quand ces navires sont en provenance d'un port situé dans les limites du cabotage international,telles qu'elles résultent de l'article 1er de la loi du 30 janvier 1893. Il en sera de même pour les navires embarquant des marchandises quand ces navires sont à destination d'un port situé dans les mêmes limites. Les navires effectuant, dans le même port, des opérations de débarquement et d'embarquement seront taxés séparément pour les opérations d'entrée et de sortie d'après les taux indiqués ci-dessus.

ART. 2. — En cas d'escales successives, les droits de quai seront perçus, dans chaque port, d'après les règles fixées à l'article 1er; mais, en aucun cas, le total des droits à percevoir sur un navire pour un voyage ne pourra dépasser un franc (1 fr.) par tonneau de jauge nette. Ce taux est réduit à cinquante centimes (0 fr. 50) pour les navires se trouvant dans les conditions prévues au paragraphe 6 de l'article précédent.

ART. 3. — Dans le calcul du tonnage des opérations, chaque passager embarqué ou débarqué sera considéré comme équivalant à une tonne de marchardise. Il en sera de même pour chaque tête de gros bétail, chevaux et mulets. Chaque tête de petit bétail équivaudra à un quart de tonne ; les bagages des passagers, y compris les petites provisions de voyage qu'ils ont avec eux, ne seront pas comptés dans l'évaluation des marchandises débarquées ou embarquées.

ART. 4. — Les droits de quai imposés dans les articles précédents ne seront perçus,dans les ports de l'Algérie,que sur les marchandises, passagers, animaux et voitures débarqués.

ART. 5. — Les opérations de ravitaillement et d'approvisionnement de charbon ne sont pas considérées comme opérations de commerce.

ART. 6. — Sont abrogés : l'article 6 de la loi du 30 janvier 1872 ; — l'article 7 de la loi de finances du 29 juillet 1881 ; — le paragraphe 1er de l'article 14 de la loi de finances du 28 décembre 1895.

Les questions principales qui peuvent se poser à propos de cette loi sont au nombre de cinq :

1° Quels navires paient le droit ;

2° Base du droit ;

3º Influence de la provenance du navire :

4º Influence de la provenance ou de la destination des marchandises ;

5º Influence de la quantité de marchandises embarquées ou débarquées.

§ 1. — Quels navires paient le droit ?

Tous les navires, quel que soit leur pavillon, *chargés en totalité ou en partie,* venant de l'étranger ou des colonies françaises autres que l'Algérie sont soumis au droit de quai.

Par conséquent, dès qu'un navire est chargé en totalité ou en partie et qu'il ne vient ni d'un port de France, ni d'un port d'Algérie, il doit acquitter le droit. *A contrario,* comme nous le verrons, les navires sur lest et ceux faisant le petit ou le grand cabotage sont exempts du droit.

§ 2. — Base du droit.

La base du droit de quai est la jauge nette du navire. Dès que nous connaissons cette jauge, nous avons un des éléments qui nous permettront de faire le calcul du droit lorsque nous aurons déterminé le taux de ce droit. Supposons par exemple un navire jaugeant 1.000 tonneaux. Il nous reste à rechercher le taux du droit comme nous l'expliquerons ultérieurement. Mais, dès maintenant, nous savons que lorsque nous aurons déterminé ce taux, nous devrons le multiplier par 1.000 pour avoir le chiffre total du droit à payer par le navire en question.

§ 3. — Influence de la provenance du navire.

La provenance du navire indique le maximum que le navire puisse avoir à payer.

Lorsqu'on parcourt le texte de la loi, on ne découvre aucune prescription de ce genre, et, pour la comprendre, il faut se reporter d'abord aux travaux préparatoires, ensuite à la loi de 1872.

A maintes reprises, tant à la Chambre qu'au Sénat, les rapporteurs de la loi et le ministre du commerce lui-même déclarèrent, qu'en aucun cas, on ne pourrait percevoir en vertu de la loi nouvelle, un droit plus élevé que celui qui était prévu dans la loi de 1872.

On lit, à la page 10 du rapport de M. de Lasteyrie, adopté par la Chambre dans sa séance du 21 décembre 1897 : « Si on appliquait strictement les règles posées dans l'article 1er, la navigation pourrait dans beaucoup de cas être frappée plus lourdement qu'elle ne l'était sous le régime de la loi de 1872, même dans le cas d'un voyage simple. Mais, *on a posé en principe* qu'en aucun cas, la législation nouvelle ne doit peser plus lourdement sur les navires que la loi de 1872. »

D'autre part, comme nous l'avons déjà vu, c'est la provenance du navire qui détermine dans la loi de 1872 si le droit à payer par tonneau de jauge sera de 1 franc ou de 0 fr. 50. L'article 6 est en effet ainsi conçu :

« Les navires de tout pavillon venant de l'étranger ou des colonies et possessions françaises, chargés en totalité ou en partie, acquitteront, pour frais de quai, une taxe fixée par tonneau de jauge, savoir :

« Pour les provenances des pays d'Europe ou du bassin de la Méditerranée, cinquante centimes. Pour les arrivages de tous autres pays, 1 franc. En cas d'escales successives dans plusieurs ports pour le même voyage, le droit ne sera payé qu'à la douane de prime-abord. »

Par conséquent, quelles que soient pour le calcul du droit les modifications apportées par la loi de 1897, modifications que nous allons passer en revue un peu plus loin, en aucun cas, le navire ne pourra être assujetti à payer plus de 0 fr. 50 ou de 1 franc par tonneau de jauge, selon qu'il viendra du cabotage international ou du long-cours.

Supposons d'abord un navire allant de New-York à Hambourg et faisant escale au Havre.

Au Havre :
1º Il débarque 600 tonneaux pour lesquels il paie 1 fr. × 1000 = 1.000 fr.
2º Il embarque pour Hambourg 600 tonneaux, 0 fr. 50 × 1000 = 500 fr.
Il devrait donc payer . . . . 1.500 fr.

Mais, comme en vertu de la loi de 1872 il n'aurait eu à payer que 1000 francs, c'est-à-dire 1 franc par tonneau de jauge puisqu'il vient du long-cours, il ne paiera en réalité que 1.000 francs.

Supposons maintenant un navire effectuant le parcours contraire, c'est-à-dire allant de Hambourg à New-York en passant par le Havre.

Au Hâvre :

1° Il débarque 600 tonneaux pour lesquels il paye 1.000 × 0,50 = 500 fr
2° Il embarque 600 tonneaux pour New-York, 1.000 × 1 fr. = 1.000 fr.
Il devrait donc payer . . . . 1.500 fr.

Mais, comme en vertu de la loi de 1872 il n'aurait eu à payer que 500 francs c'est-à-dire 0 fr. 50 par tonneau de jauge puisqu'il vient du cabotage international, il ne paiera en réalité que 500 francs.

Il demeure donc bien entendu que, la loi de 1897 étant une amélioration par rapport à celle de 1872, il ne faut jamais qu'un navire ait plus à payer que sous l'empire de celle-ci. Si le total des deux liquidations prévues à l'article 1ᵉʳ de la loi nouvelle devait dépasser le chiffre de la perception qui aurait été effectuée en vertu de la loi de 1872, la perception serait réduite aux limites de ce dernier chiffre, c'est-à-dire à 1 franc par tonneau de jauge pour les navires ayant débarqué des marchandises provenant des pays situés au delà des limites du cabotage international, et à 0 fr. 50 par tonneau de jauge pour les navires arrivant d'un port situé dans ces limites, *quels que soient d'ailleurs les pays de destination.*

§ 4. — **Influence de la provenance ou de la destination
des marchandises.**

La provenance ou la destination des marchandises débarquées ou embarquées fixe la base du taux du droit de quai à 1 franc ou 0 fr. 50.

Nous avons été amené à montrer dans le paragraphe précédent que la provenance du navire fixait dans la loi de 1872 le taux du droit de quai à percevoir. La loi de 1897 établit à ce point de vue une double différence :

a) On tient compte à la fois de la provenance et de la destination ;

b) On considère la marchandise et non plus le navire.

a) La première de ces innovations a conduit naturellement à l'obligation de réaliser deux opérations au lieu d'une. Alors qu'avant 1897, il suffisait pour savoir ce qu'un navire aurait à payer de considérer sa provenance, on est désormais obligé de connaître sa destination et d'établir deux liquidations.

b) La seconde de ces différences est une conséquence de la première. Pour pouvoir tenir compte à la fois de la provenance et de la destination, il fallait bien que la marchandise entrât en ligne de compte et devînt l'élément prépondérant de la taxation.

On doit donc considérer d'abord la marchandise débarquée et le lieu d'où vient le navire. S'il arrive du long cours, cette marchandise *déterminera en ce qui la concerne la base* du droit de quai à 1 franc ; s'il arrive au contraire du cabotage international, cette base sera réduite à 0 fr.50.

On examine ensuite la marchandise embarquée et l'endroit où va le navire. S'il se rend dans un port situé au delà des limites du cabotage international, cette marchandise *déterminera en ce qui la concerne la base* du droit de quai à 1 franc ; s'il se rend au contraire dans un port situé en deçà de ces limites, cette base sera réduite à 0 fr. 50.

Supposons un navire allant de Liverpool à La Plata et passant par Saint-Nazaire.

1° Les marchandises qu'il débarquera à St-Nazaire donneront comme base au droit de quai 0 fr. 50 puisque le navire vient du cabotage international ; si le navire jauge 1000 tonneaux il faudra donc pour connaître la somme à payer multiplier 1000 par 0 fr. 50.

2° Les marchandises qu'il embarquera à destination de La Plata donneront au contraire comme base au droit de quai 1 franc, puisque le navire se rend dans un port du long-cours : en supposant toujours un navire de 1.000 tonneaux, il faudra pour connaître la somme à payer multiplier 1000 par 1 franc.

Supposons maintenant un voyage en sens contraire, soit un navire de 1.000 tonneaux allant de La Plata à Liverpool avec escale à St-Nazaire.

1° Les marchandises qu'il débarquera à St-Nazaire donneront comme base au droit de quai 1 franc, puisque le navire vient du long-cours : il faudra donc pour connaitre la somme à payer multiplier 1000 tonneaux par 1 franc.

2° Les marchandises qu'il embarquera à destination de Liverpool donneront comme base au droit de quai 0 fr. 50, puisque le navire se rend dans un port situé dans les limites du cabotage international : il faudra donc pour connaître la somme à payer multiplier 1000 tonneaux par 0 fr. 50.

Il est donc tenu compte pour établir la base du taux du droit de quai, de la provenance des marchandises débarquées et de la destination des marchandises embarquées.

§ 5. — Influence de la quantité des marchandises débarquées ou embarquées.

La quantité des marchandises débarquées ou embarquées détermine la *graduation du taux du droit.*

Nous avons vu plus haut que le Parlement, au moment d'élaborer la législation des droits de quai s'était trouvé en face de deux systèmes entièrement opposés, l'un consistant à ne tenir compte que de la jauge du navire, c'est-à-dire en somme à conserver la base de la loi de 1872, l'autre, au contraire, ne faisant état que des opérations de commerce réellement effectuées, et qu'il s'était prononcé pour un système mixte dans lequel le droit de quai est établi par le rapport existant entre la jauge du navire et les quantités de marchandises débarquées ou embarquées. Nous avons successivement montré quelle était, dans l'établissement du droit de quai, la part ou l'influence de la jauge et de la provenance, ou de la destination des marchandises débarquées ou embarquées. Il nous reste à examiner quelle est la part ou l'influence de la *quantité de ces marchandises*.

Nous venons de dire qu'elle détermine la graduation du taux du droit. En effet, la jauge comme nous l'avons vu doit être multipliée par le taux du droit. Mais ce taux lui-même, qui devient ainsi le multiplicateur de cette multiplication dont la jauge est le multiplicande, subit certaines réductions plus ou moins grandes, selon que les marchandises débarquées ou embarquées sont en plus ou moins grande quantité. L'échelle de ces réductions est établie dans les premiers paragraphes de l'article 1er de la loi de 1897. Cette échelle est la suivante :

	Cabotage	
Long-cours	international	
1 fr.	0 fr. 50	Par tonneau de jauge nette si le nombre de tonnes métriques (1000 ks.) débarquées ou embarquées est supérieur à la *moitié* de la jauge nette.

Long-cours	Cabotage international	
0 fr. 50	0 fr. 25	Si le nombre de tonnes métriques est inférieur à la *moitié* et supérieur au *quart* de la jauge du navire.
0 fr. 25	0 fr. 125	S'il est égal ou inférieur au *quart* et supérieur au *dixième* de la jauge.
0 fr. 10	0 fr. 05	S'il est égal ou inférieur au *dixième* de la jauge nette.

On aperçoit immédiatement à la lecture de cet article qu'une difficulté peut se produire dont nous allons pouvoir facilement donner la solution, car elle a été prévue par le législateur lui-même. Si, en effet, pour établir le rapport entre la marchandise et la jauge on totalise les opérations de débarquement et d'embarquement, le résultat sera tout différent de celui que l'on eût obtenu en rapprochant successivement les opérations de débarquement et celles d'embarquement de la jauge nette du navire. Un exemple fera mieux comprendre.

Un navire de 1.000 tonneaux va de Hambourg à Barcelone avec escale au Havre. Au Havre, il débarque 400 tonneaux et en embarque 200 pour Barcelone.

1re hypothèse :

Si nous additionnons les deux opérations, nous obtenons 600 tonneaux, qui comparés aux 1000 tonneaux de jauge constituent plus de la moitié de la jauge du navire. Par conséquent, en raison des explications antérieurement fournies, ce navire devrait payer 1000 × 0 fr. 50 = 500 francs.

2e hypothèse :

Au lieu d'additionner ces deux opérations, rapprochons-les successivement de la jauge du navire.

a) Débarquement de 400 tonneaux, soit moins de la moitié et plus du quart de la jauge nette du navire. D'où droit à payer : 1000 × 0 fr. 25 = 250 francs.

b) Embarquement de 200 tonneaux soit moins du quart et plus du dixième de la jauge nette du navire. D'où, droit à payer 1000 × 0 fr. 125 = 125 francs.

Et en additionnant 250 et 125 = 375. Soit une différence en moins de 125 francs.

C'est d'ailleurs à cette solution, la plus favorable à la navigation d'escale, que le législateur s'est rallié. On lit, en effet, à la page 9 du rapport de M. de Lasteyrie à la Chambre des députés : « On remarquera dans les quatre paragraphes qui fixent le taux de cette échelle graduée un détail de rédaction fort important. On doit tenir compte du total des marchandises débarquées ou embarquées. L'emploi du disjonctif *ou* et non de la conjonction *et* indique que pour la liquidation du droit de quai, on ne doit point faire le total des marchandises embarquées et débarquées pour le comparer au tonnage du navire, mais qu'il faut totaliser l'ensemble des marchandises débarquées, et liquider le droit en comparant leur tonnage à la jauge du navire ; puis totaliser l'ensemble des marchandises embarquées et liquider de même le droit en comparant leur tonnage à la jauge du navire. C'est en additionnant le résultat de ces deux opérations qu'on aura le montant définitif du droit à percevoir ». D'ailleurs, le sens exact des paragraphes 2, 3, 4 et 5 de l'article 1er ressort encore avec évidence du paragraphe 7 du même article, lequel dit expressément, que les navires effectuant dans le même port des opérations de débarquement et d'embarquement, seront taxés *séparément* pour les opérations d'entrée et de sortie d'après les taux indiqués ci-dessus.

Nous sommes donc maintenant en possession du dernier élément concourant à l'établissement du droit de quai et nous allons pour plus de clarté, donner un bref résumé des opérations destinées à réaliser cet établissement.

Dès qu'un navire entre dans un port, on examine sa jauge. Soit 1.000 tonneaux.

Puis on examine sa provenance et sa destination, afin de savoir par quel facteur sera multiplié 1.000, par 1 franc ou par 0 fr. 50.

Enfin, on considère la quantité de marchandises débarquées ou embarquées, afin de savoir si l'on devra faire subir une réduction à ce multiplicateur, et quelle sera cette réduction.

Exemple : Navire de 1000 tonneaux venant de Hambourg et débarquant au Havre 250 tonneaux. Le droit à payer sera $1000 \times \dfrac{0.50}{4}$

N'oublions point en outre, qu'il faut en dernier lieu calculer ce que ce navire aurait payé d'après la loi de 1872 afin d'être bien sûr que la taxation nouvelle ne lui a point été préjudiciable.

Nous allons d'ailleurs donner quelques exemples plus complexes, afin de mieux faire comprendre les observations que nous venons de présenter.

Supposons un navire de 1.000 tonneaux de jauge nette allant de Hambourg à Bombay et faisant escale au Havre.

Au Havre :

1° Il débarque 501 tx march. . . . . . . $1000 \times 0.50 = 500$ fr.

Embarque 501 tx march. . . . . . . 1000×1 fr. $= 1.000$ »

Ce navire devrait donc payer . . . . .   1.500 fr.

Mais, comme en vertu de la loi de 1872 il n'aurait eu à payer que 500 francs, il ne paiera en réalité que 500 francs.

2° Il débarque 500 tx march. . . . . . . $1000 \times \dfrac{0,50}{2} = 250$ fr.

Embarque 501 tx march. . . . . . . $1000 \times \dfrac{1}{2} = 500$ »

Ce navire devrait donc payer . . . .   750 fr.

Mais, comme en vertu de la loi de 1872 il n'aurait eu à payer que 500 francs il ne paiera en réalité que 500 francs.

3° Il débarque 250 tx march. . . . . . . $1000 \times \dfrac{0,50}{4} = 125$ fr.

Embarque 250 tx march. . . . . . . $1000 \times \dfrac{1}{4} = 250$ »

Ce navire paiera :   375 fr.

En vertu de la loi de 1872 il en aurait payé 500.

4° Il débarque 100 tx march. . . . . . . $1000 \times \dfrac{0,50}{10} = 50$ fr.

Embarque 100 tx march. . . . . . . $1000 \times \dfrac{1}{10} = 100$ »

Ce navire paiera. . . .   150 fr.

En vertu de la loi de 1872 il en aurait payé 500.

§ 6. — Des autres dispositions de la loi de 1897.

A côté de ces dispositions que nous venons d'examiner et que nous avons qualifiées de principales, la loi contient d'autres articles que nous allons rapidement passer en revue.

Art. 2. — L'article 2, qui prévoit le cas d'escales successives faites par un navire, décide : « qu'en aucun cas, le total des droits à percevoir sur un navire pour un voyage

ne pourra dépasser 1 franc par tonneau de jauge nette »,
et que ce taux sera réduit à 0 fr. 50 pour les navires venant du cabotage international. Il ne faut pas perdre de
vue, lorsqu'on étudie cette disposition, que le législateur
de 1897 a voulu favoriser la navigation d'escale et qu'il
l'aurait fait d'une façon très incomplète s'il n'avait décidé
ce que nous venons de voir. D'ailleurs, en vertu du principe que nous avons exposé plus haut et aux termes duquel la loi de 1897 ne doit jamais être une aggravation de
la loi de 1872, il était indispensable qu'il en fût ainsi, car
la loi de 1872 décidait qu'en cas d'escales successives, le
droit de quai ne serait payé qu'au port de prime-abord.
Nous croyons donc que le législateur n'était pas tenu de le
dire explicitement comme il l'a fait, dans un article
spécial.

ART. 3. — L'article 3 indique la façon de compter
dans le calcul du tonnage des opérations les passagers
et animaux embarqués ou débarqués. Chaque passager
équivaudra à une tonne de marchandise. Il en sera de
même pour une tête de gros bétail, chevaux et mulets. Chaque tête de petit bétail équivaudra à un quart de
tonne ; les bagages des passagers, y compris les petites
provisions de voyage qu'ils ont avec eux, ne seront pas
comptés dans l'évaluation des marchandises débarquées
ou embarquées.

ART. 4.— L'article 4, nous le rappelons, est ainsi conçu :

Les droits de quai imposés dans les articles précédents, ne seront
perçus, dans les ports de l'Algérie, que sur les marchandises, passagers, animaux et voitures *débarqués*.

Pour bien comprendre les raisons et la portée de la faveur ainsi faite à l'Algérie, quelques explications nous semblent indispensables. Nous rappellerons tout d'abord que ce régime de faveur avait été établi en Algérie par la loi du 20 mars 1875, puis supprimé par l'article 14 de la loi de finances du 31 décembre 1895. Le projet du gouvernement en 1897 ne le rétablissait point. Ce fut un article additionnel déposé au Sénat par M. Jacques, qui devint l'article 4 de la loi actuelle. M. Jacques fit valoir à l'appui de sa proposition les arguments qui avaient convaincu le législateur de 1875 et il insista notamment sur la situation minière de l'Algérie. Notre grande colonie possède en effet des mines importantes : celles de Mocta-el-Adouze dans le département de Constantine et celles de Benisaf dans le département d'Oran : or, l'extraction brute qui fait l'objet des transports ne rend, en net, que 28 à 29 0/0 du minerai marchand. On aperçoit immédiatement que le fret doit être à très bas prix pour permettre à une telle industrie d'exister. D'ailleurs, M. Jacques cita à l'appui de sa thèse les parties principales d'un mémoire très bien fait que nous croyons devoir reproduire :

« Si l'on examine par quels effets se répercuterait dans la colonie l'application d'un droit fixe, écrasant, aux matières premières, on constate qu'ils seraient désastreux.

« C'est par la production des matières premières, surtout des plus pauvres comme les minerais de fer, que la colonie se transforme et se développe le plus vite, parce que l'exploitation de ces matières porte sur des masses énormes et exige une main-d'œuvre considérable.

« En ce qui concerne les minerais de fer et le port de Bénisaf,

la production brute atteint près de 1 million de tonnes pour 300.000
en chiffres ronds, de minerai marchand, dont la valeur représente
15 0/0 de fournitures et 85 0/0 de main-d'œuvre payée aux ouvriers.

« Cette main-d'œuvre occupe une nombreuse population indus-
trielle et rurale, car, par sa consommation, la première étant acheteur des produits que la seconde retire du sol, lui fournit les moyens
de le travailler.

« C'est ainsi que cette population rurale solidaire de l'autre, s'est
attachée au sol de la colonie, le met en valeur par de nombreux
défrichements et de grandes fermes qui ont été créées dans un
rayon de 15 kilomètres aux environs de Bénisaf.

« Et voilà comment les mines de Bénisaf concourent doublement
au développement et à la prospérité de l'Algérie.

« Leurs produits méritent donc d'être protégés pour continuer à
trouver leur écoulement sur les marchés d'Europe et d'Amérique.
Ils ne peuvent arriver sur ces marchés que par des moyens très
économiques, c'est-à-dire par des combinaisons de voyage de retour qui permettent des frets à bas prix dont se contentent les navires de grand tonnage.

« Ces navires forment une catégorie à part : ils sont uniquement
exportateurs.

« Ils ne visent que les gros 'chargements complets et rapides que
le port de Bénisaf leur fournit à raison de 3.000 tonnes par dix
heures. Quand ils arrivent le matin, ils reprennent la mer le soir
même. »

Le Gouvernement et le Parlement se rendirent à ces
arguments excellents, et accordèrent à l'Algérie une faveur
que M. de Lasteyrie a qualifiée dans son rapport de « peut-
être excessive ».

Art. 5. — L'article 5 décide, que les opérations de ravitaillement
et d'approvisionnement de charbon ne seront pas considérées comme
opérations de commerce.

Art. 6. — L'article 6 abroge :

L'article 6 de la loi du 30 janvier 1872 (ancienne loi sur le droit
de quai) ;

L'article 7 de la loi de finances du 29 juillet 1881 (Régime des navires transportant des voyageurs et des marchandises) ;

Le paragraphe premier de l'article 14 de la loi de finances du 28 décembre 1895 (Régime de l'Algérie).

§ 7. — Exemptions.

Continuent à être complètement exemptés du droit de quai :

1° Les navires effectuant des transports de marchandises entre les ports français de la métropole et de l'Algérie ;

2° Les navires entrant sur lest, qu'ils repartent chargés ou non ;

3° Les navires entrant chargés et sortant sans avoir fait d'opération de commerce, c'est-à-dire les navires en relâche forcée ou volontaire ;

4° Les navires de guerre et paquebots qui leur sont assimilés ;

5° Les yachts de plaisance ;

6° Les paquebots affectés à l'entretien des câbles télégraphiques ou téléphoniques sous-marins.

L'exemption accordée aux navires entrant sur lest nous semble seule mériter quelques observations, à cause précisément de l'opposition que la commission extra-parlementaire de la marine marchande avait faite à la mesure. Nous avons indiqué plus haut les arguments qu'elle développait à l'appui de sa thèse : nous n'y reviendrons donc point.

Voici, par contre, les raisons que dans son rapport au

Sénat, donnait M.Hippolyte Morel à l'appui du maintien de l'exemption :

« En frappant les navires entrant sur lest, non seulement on frappe tous les transports de produits agricoles et horticoles qui s'effectuent des côtes normandes et bretonnes vers l'Angleterre, et les îles anglaises, mais encore on atteint l'exportation qui commence à s'effectuer dans le Nord et le Pas-de-Calais. Il y a dans les mines de cette région une population ouvrière très intense et très digne d'intérêt : si on frappe les navires entrant sur lest, on atteint l'exportation du charbon qui a tant de peine à se développer.

« Il en serait de même des fabriques de ciment du Bourbonnais. Il y a là vingt ou trente fabriques qui seraient atteintes par le droit des navires sur lest. »

Et le rapporteur de la loi à la Chambre, M. de Lasteyrie ajoutait : « En second lieu, il a été nettement spécifié tant dans les discussions de la Chambre et du Sénat, que dans les conclusions de la commission extra-parlementaire, que la loi nouvelle ne saurait avoir pour résultat, dans aucun cas, d'augmenter les charges prévues par la loi du 30 janvier 1872 », or, cette loi ne frappait pas les navires sur lest. »

Il y avait donc deux raisons pour une de maintenir l'exemption en faveur des navires entrés sur lest : le Parlement la consacra.

La franchise du droit est également maintenue :

1° Si la cargaison est débarquée temporairement pour

un cas de force majeure, réparations, etc., puis rembarquée, car il n'y a pas d'opération de commerce ;

2° Même si une partie de la cargaison a été vendue par autorité de justice soit en raison de sa détérioration, soit pour payer les subventions, car s'il y a véritable opération de commerce, elle est indépendante de la volonté du chargeur.

§ 8. — Compléments à la loi du 23 décembre 1897.

La loi du 23 décembre 1897 présentait une lacune très grave en ce qui concerne les navires à passagers. Le rapporteur de la loi à la Chambre, M. de Lasteyrie, l'avait fort bien remarqué et constaté en ces termes dans son rapport : « On peut se demander sous quel régime se trouveront à l'avenir les paquebots faisant escale dans nos ports dans le seul but de prendre ou laisser des voyageurs. On sait qu'actuellement ils payent 1 franc ou 0 fr. 50 par voyageur embarqué ou débarqué. Le Sénat n'a point visé ce cas particulier, et nous considérons qu'il doit continuer à être soumis à la même règle que précédemment. En effet, la loi nouvelle ne vise que les lois du 30 janvier 1872 et du 19 juillet 1881. Elle modifie l'une et abroge l'autre, mais elle n'a évidemment point eu pour but de rien imposer en ce qui concerne les navires qui n'étaient point frappés par l'une ou l'autre de ces lois.

« Or, le cas des paquebots servant exclusivement au transport des passagers est régi par une décision ministérielle de 1872 renouvelée d'une décision de 1832. Cette décision devra rester en vigueur comme devant. »

Mais, à côté de ces navires servant exclusivement au transport des passagers et dont la situation était maintenue comme par le passé, se trouvaient ceux dont le cas était régi par la loi de 1881, c'est-à-dire transportant à la fois des passagers et une petite quantité de marchandises.

Dans une autre partie de son rapport, M. de Lasteyrie s'était expliqué sur le sort qui leur était réservé par la loi nouvelle, et il l'avait fait en ces termes : « Il y a toutefois une catégorie de navires qui pourra dans certains cas, être plus lourdement taxée avec la loi nouvelle qu'avec l'ancienne, ce sont les paquebots à voyageurs ne transportant qu'une faible quantité de marchandises, et pour lesquelles la loi du 29 juillet 1881 avait créé un régime exceptionnel.

« Le Sénat, par mégarde sans doute, a abrogé cette loi. Ces navires seront donc soumis aux règles énoncées dans les articles 1 et 2 de la loi nouvelle complétées par les dispositions énumérées à l'article 3, et qui concernent le mode de taxation des voyageurs et du bétail. »

Et pour bien faire apercevoir la différence de traitement qui pouvait être imposée à ces navires par le fait de la loi nouvelle, nous rappellerons que celle du 29 juillet 1881 était ainsi conçue : « Par exception aux prescriptions de l'article 6 de la loi du 30 janvier 1872, les paquebots affectés au transport des voyageurs ne seront soumis au droit de quai qu'à raison du nombre des passagers, chevaux et

voitures qu'ils auront à bord et de la quantité des marchandises qu'ils apporteront, pourvu que le poids total
de ces marchandises,calculé sur le pied de 500 kilogs pour
un tonneau, ne représente pas le 1/10 de leur tonnage
légal. »

La loi nouvelle était donc, par certains côtés, plus onéreuse pour ces navires que la loi de 1881 ; à d'autres points
de vue, elle constituait une amélioration.

1° Elle était plus favorable à deux points de vue : a) au
lieu de tenir compte de la marchandise à bord. elle ne
faisait porter le droit que sur ce qui était débarqué ou
embarqué.

b) Elle fixait le poids du tonneau à 1000 kilogs au lieu de
500 kilogs ;

2° Elle était une aggravation, en ce que au lieu de tenir
compte uniquement de la marchandise à bord, elle arron-
dissait le chiffre du tonnage au tout, à la 1/2, au 1/4 ou
en ce qui concerne le cas actuel au 1/10.

On aperçoit immédiatement que selon les cas, la loi de
1897 devait être plus onéreuse ou plus favorable que celle
de 1881. Deux exemples le feront mieux comprendre.

Supposons d'abord un navire de 1000 tonneaux de jauge
nette, venant de New-York, ayant à bord 150 passagers et
30.000 kilogs de marchandises (1) et débarquant au Havre 10 passagers et 3000 kilogs de marchandises.

Il paiera en vertu de la loi de 1881 :

(1) Par conséquent moins de 1/10 de sa jauge nette, même en
comptant 500 kilogs pour un tonneau.

Pour 150 passagers à bord . . . . 150 fr.
Pour 30.000 kilogs soit 60 tonneaux à 500 kilogs par tonneau   60 »
Total . . . . 210 »

En vertu de la loi de 1897 :

Il débarque   10 passagers soit 10 tonneaux.
»   3000 kilogs   »   3   »

En tout 13 tonneaux, soit moins du 1/10 de sa jauge nette.

Il paiera donc $1000 \times \dfrac{1}{10} = 100$ francs.

Ce navire paiera donc en vertu de la loi de 1897, 110 fr. de moins qu'en vertu de la loi de 1881.

Supposons maintenant un navire de 1000 tonneaux venant de New-York et débarquant au Havre tout ce qu'il a à bord, soit :

95 passagers, pour lesquels en vertu de la loi de 1881 il paiera. . . . . 95 fr.
10.000 kilogs de marchandises, pour lesquels en vertu de la loi de 1881 il paiera . . . . 20 »
Soit un total de . . . . 115 »

En débarquant les mêmes quantités, en vertu de la loi de 1897 soit 95 tonneaux $+$ 10 tonneaux $=$ 105 tonneaux c'est-à-dire plus de 1/10 et moins du quart de sa jauge nette, il devra payer $1000 \times \dfrac{1}{4} = 250$ francs.

Si en outre il faisait des opérations d'embarquement, il pourrait encore être taxé à la sortie jusqu'à concurrence du chiffre maximum de 1000 francs, pour l'ensemble de ses opérations.

Les réclamations se firent nombreuses et bruyantes contre cette aggravation involontairement causée, on peut le dire, par le législateur de 1897. Bien qu'en pratique, les cas analogues au dernier exemple cité fussent assez rares et qu'en fait, les majorations de droits quand elles existaient fussent assez faibles, le Parlement fit droit à ces réclamations et vota le 23 mars 1898 le texte de loi suivant destiné à compléter la loi de 1897 :

ARTICLE UNIQUE. — Le montant du droit de quai à percevoir, en vertu de la loi du 23 décembre 1897, sur les paquebots affectés au transport des voyageurs ne pourra, dans un même voyage, même s'il comporte plusieurs escales, dépasser 1 franc par voyageur, 2 fr. par cheval ou par tête de gros bétail, 3 francs par voiture à deux roues, 4 francs par voiture à 4 roues et 1 franc par tonne de marchandises se trouvant à bord à l'entrée du navire dans les eaux françaises, pourvu que le poids total de ces marchandises, exprimé en tonnes de 1000 kilogrammes ne dépasse pas le vingtième de la jauge nette du navire. Ce maximum sera réduit de moitié, sous les mêmes conditions et sous les mêmes réserves pour les paquebots affectés exclusivement au cabotage international. »

La loi de 1881 décidait que les marchandises à bord ne devraient pas dépasser le 1/10 de la jauge nette et qu'elles seraient comptées à raison de 500 kilogs pour un tonneau.

La loi nouvelle déclare que les marchandises à bord ne devraient pas dépasser le 1/20 de la jauge nette, mais qu'elles seront comptées à raison de 1000 kilogs pour un tonneau.

La proportion est donc gardée et les deux dispositions sont identiques au point de vue du résultat.

Décision concernant les navires pêcheurs. — On se rappelle que la faveur accordée par la loi de 1881 à certains navires avait été peu de temps après étendue aux navires pêcheurs sous certaines conditions. Aussi, en vertu de la loi du 23 mars 1898, une décision administrative du 15 mai 1899 décida-t-elle que dorénavant, les navires pêcheurs apportant moins du 1/20 de leur jauge nette de marchandises manifestement françaises seraient soumis aux conditions de la loi de 1898, suivant l'esprit de la décision ministérielle du 25 mai 1882. Cette mesure s'applique surtout à des navires venant de St-Pierre et Miquelon.

Décision concernant les navires faisant au cours d'un même voyage deux escales, dont la seconde à l'étranger. — Une autre décision vint ensuite régler le cas de certains navires qui, ayant fait une première escale en France et une seconde à l'étranger prétendaient pouvoir venir achever leur voyage dans un port français et ne plus avoir de droits à payer, lorsqu'ils avaient acquitté leur maximum à la première escale française. Un exemple fera d'ailleurs mieux comprendre le cas dont il s'agit :

Supposons un navire de 1.000 tonneaux allant de Bombay à Bordeaux avec escales à Marseille et Lisbonne, soit : Bombay, Marseille, Lisbonne, Bordeaux.

Débarque à Marseille 501 tonneaux : d'où il paiera $1.000 \times 1 = 1.000$ francs, va à Lisbonne et ensuite à Bordeaux où il débarque 1.200 tonneaux de marchandises.

Dans l'hypothèse en question, ce navire soutenait qu'ayant payé son maximum au port de prime-abord, n'ayant pas embarqué de marchandises à Lisbonne pour Bordeaux et ne débarquant à Bordeaux que son solde de chargement de Bombay il ne devait rien payer à Bordeaux.

La douane répondit que par le fait de son escale à Lisbonne, c'est-à-dire dans un port *étranger*, il devait être considéré comme ayant recommencé un nouveau voyage et devait payer le droit d'après cette nouvelle provenance.

Avant d'arriver à l'appréciation générale de notre législation actuelle sur le droit de quai, nous croyons devoir montrer par une série d'exemples, les cas qui peuvent se présenter dans la pratique et la façon dont le droit frappe les navires selon qu'ils viennent

du long-cours ou

du cabotage international.

§ 9. — Exemples.

a) *Navires venant du long-cours.*

1er cas.   Supposons un navire de 1.000 tonneaux de jauge venant de New-York avec un plein chargement à destination du Havre.

Au Havre, il paiera. . . . . 1.000 tx. $\times$ 1 fr. $=$ 1.000 fr.

En effet, ce navire ayant un plein chargement, c'est-à-dire plus de la moitié de sa jauge en tonnes métriques de 1.000 kilogrammes acquitte le maximum du droit.

2e cas.   Supposons un navire de 1.000 tonneaux de jauge venant de New-York avec 500 tonnes de marchandises à destination du Havre et le complément de son chargement pour Hambourg.

Au Havre, il paiera. . . . . 1.000 tx. $\times \dfrac{1}{2} =$ 500 fr.

Il ne paiera rien à la sortie pour le complément de son chargement à destination de Hambourg.

Supposons un navire de 1.000 tonneaux de jauge venant 3ᵉ cas. de New-York avec 250 tonnes de marchandises à destination du Havre et le complément de son chargement pour Hambourg.

Au Havre, il paiera . . . . 1.000 tx. $\times \dfrac{1}{4} = 250$ fr.

Supposons un navire de 1.000 tonneaux de jauge venant 4ᵉ cas. de New-York avec 100 tonnes de marchandises à destination du Havre et le complément de son chargement pour Hambourg.

Au Havre, il paiera . . . . 1.000 tx. $\times \dfrac{1}{10} = 100$ fr.

Supposons un navire de 1.000 tonneaux de jauge venant 5ᵉ cas. de Bombay terminer son déchargement à St-Nazaire et repartant sur lest pour le long cours ou le cabotage international.

Débarquant à **St-Nazaire** 500 tonnes, il paiera 1.000 $\times \dfrac{1}{2} = 500$ fr.

Repartant sans prendre de marchandises il ne devra rien à la sortie.

Supposons un navire de 1.000 tonneaux de jauge venant 6ᵒ cas. de Bombay terminer son déchargement à St-Nazaire et repartant chargé pour le long cours.

1ᵒ Débarquant à **St-Nazaire** 250 tonnes il paiera 1.000 $\times \dfrac{1}{4} = 250$ fr.

Embarquant » 501 » » 1.000 $\times$ 1 fr. $=$ 1.000 fr.

Total. . . . . 1.250 »

Mais il ne paiera en réalité que 1.000 francs, le maximum du droit dû par lui en raison de sa provenance et de sa jauge.

2° Débarquant à **St-Nazaire** 100 tonnes, il paiera $1.000 \times \dfrac{1}{10} = 100$ fr.

Embarquant » 250 » » $1.000 \times \dfrac{1}{4} = 250$ fr.

Total. . . . . $= 350$ fr.

7° cas. Supposons un navire de 1.000 tonneaux de jauge venant de Bombay pour terminer son déchargement à St-Nazaire et repartant chargé pour le cabotage international.

1° Débarquant à **St-Nazaire** 250 tonnes il paiera $1.000 \times \dfrac{1}{4} = 250$ fr.

Embarquant » 501 » » $1.000 \times 0,50 = 500$ »

Total. . . . . 750 »

2° Débarquant à **St-Nazaire** 500 tonnes il paiera $1.000 \times \dfrac{1}{2} = 500$ fr.

Embarquant » 100 » » $1.000 \times \dfrac{0,50}{10} = 50$ »

Total. . . . . 550 »

8° cas. Supposons un navire de 1.000 tonneaux de jauge venant de Baltimore à Bordeaux sans rien débarquer et repartant chargé pour Liverpool.

1° Embarquant à **Bordeaux** 501 tonnes il paiera $1.000 \times 0,50 = 500$ fr.

2° Embarquant » 250 » » $1.000 \times \dfrac{0,50}{4} = 125$ »

Dans les deux cas, le navire ne débarquant rien à Bordeaux ne paiera rien du fait de son entrée.

9° cas. Supposons un navire de 1.000 tonneaux de jauge venant de Hong-Kong pour débarquer des marchandises à Marseille et au Havre.

1° Débarquant à **Marseille** 501 tonnes il paiera 1.000×1 fr. $= 1.000$ fr.

» au **Havre** 501 » » 1.000×1 fr. $= 1.000$ »

Total. . . . . 2.000 »

Mais du fait de sa provenance, ce navire ne peut payer
que son maximum, c'est-à-dire 1.000 francs.

2ᵉ Débarquant à **Marseille** 250 tonnes il paiera 1.000 × 1 /4 = 250 fr.
»   au **Hâvre** 500 »   »   1.000 × 1 /2 = 500 »
Total. . . . . 750 »

Supposons un navire de 1.000 tonneaux de jauge venant 10ᵉ cas.
de Yokohama pour débarquer des marchandises à Bordeaux
et au Havre et chargeant d'autres marchandises dans ces
deux ports pour le Long-Cours.

Débarquant à **Bordeaux** 250 tonnes il paiera $1.000 \times \dfrac{1}{4} = 250$ fr.

Embarquant » 100 » » $1.000 \times \dfrac{1}{10} = 100$ »

Débarquant au **Havre** 500 » » $1.000 \times \dfrac{1}{2} = 500$ »

Embarquant » 100 » » $1.000 \times \dfrac{1}{10} = 100$ »

Total . . . . 950 »

Supposons un navire de 1.000 tonneaux de jauge venant 11ᵉ cas
de Yokohama pour débarquer des marchandises à Bordeaux
et au Havre et chargeant d'autres marchandises dans ces
deux ports pour Hambourg.

Débarquant à **Bordeaux** 250 tonnes il paiera $1.000 \times \dfrac{1}{4} = 250$ fr.

Embarquant » 250 » » $1.000 \times \dfrac{0.50}{4} = 125$ »

Débarquant au **Havre** 100 » » $1.000 \times \dfrac{1}{10} = 100$ »

Embarquant » 501 » » $1.000 \times 0,50 = 500$ »

Total. . . . . 975 »

Supposons un navire de 1.000 tonneaux de jauge venant 12ᵉ cas.
de la côte d'Afrique et de Lisbonne à Bordeaux.

Ce navire ne débarque pas de marchandises provenant de la côte d'Afrique, mais seulement des marchandises venant de Lisbonne.

Débarquant à **Bordeaux** 501 tonnes, il paiera. . $1000 \times 0,50 = 500$ fr.

On ne peut en effet lui faire payer le maximum sur la base de 1 franc puisqu'il ne débarque que des marchandises de provenance européenne.

Cependant, si dans une escale suivante ce navire venait à débarquer des marchandises provenant de la côte d'Afrique, le maximum se trouverait *ipso facto* élevé à 1.000 fr. et la base à 1 franc.

13ᵉ cas.
Supposons un navire *français* venant de l'Inde française à destination de Marseille et de Bordeaux, débarquant des marchandises à Marseille et à Bordeaux et embarquant en outre à Marseille des marchandises pour Bordeaux.

Débarquant à **Marseille** 250 tonnes, il paiera . $1000 \times \frac{1}{4} = 250$ fr.

Embarquant à **Marseille** pour **Bordeaux** 501 tx.

  il paiera . . . . néant

Débarquant à **Bordeaux** 500 tonnes de marchandises de provenance étrangère, il paiera . . . . $1000 \times \frac{1}{2} = 500$ fr.

Débarquant à **Bordeaux** 501 tonnes de marchandises venant de **Marseille**, il paiera. . . . . néant

              Total. 750 fr.

Les opérations d'embarquement ou de débarquement à Marseille et à Bordeaux de marchandises prises ou déposées dans ces ports constituent une opération de *cabotage national* qui n'est pas soumise au droit de quai ; elle ne peut être faite que par un navire français.

Supposons un paquebot à vapeur de *n'importe quel* 14ᵉ cas. *tonnage*, venant de New-York, ayant à bord des passagers et des marchandises, faisant escale au Havre avant de se rendre à Hambourg, lieu de sa destination.

Débarquant au **Havre** :

200 passagers, soit 200 tonnes à 1 franc	200 fr.
7 chevaux, soit 14 tonnes à 1 franc	14 »
2 voitures à deux roues, soit 6 tonnes à 1 franc	6 »
3 voitures à 4 roues, soit 12 tonnes à 1 franc	12 »
Total.	232 fr.

Embarquant au **Havre** pour **Hambourg** :

50 passagers soit, 50 tonnes à 0,50	25 »
6 chevaux soit, 12 tonnes à 0,50.	6 »
1 voiture à 2 roues, soit 3 tonnes à 0,50	1, 50
7 voitures à 4 roues, soit 28 tonnes à 0,50.	14 »
	46, 50
Total.	278, 50

Dans aucun cas, le navire ne pourra payer plus qu'il ne l'aurait fait en liquidant le maximum de ses droits sur son tonnage net, soit 1 franc par tonneau de jauge.

Supposons un navire de 1,000 tonneaux de jauge, venant 15ᵉ cas. de New-York avec des passagers et 49 tonnes métriques de marchandises.

Débarquant au **Havre** :

200 passagers, soit 200 tonnes à 1 fr.	200 fr.
Ayant à bord 49 tonnes de marchandises à 1 fr	49 »
	249 fr.

Il ne devra rien pour ses opérations de sortie.

b) Navires venant du cabotage international (1).

1er cas.   Supposons un navire de 1.000 tonneaux de jauge, venant de Lisbonne avec un plein chargement à destination de St-Nazaire.

A **St-Nazaire**, il paiera. . . . . 1.000 tx $\times$ 0,50 = 500 fr.

En effet, le navire ayant un plein chargement, c'est-à-dire plus de la moitié de sa jauge en tonnes métriques de 1.000 kilogrammes, acquitte le maximum du droit.

2e cas.   Supposons un navire de 1.000 tonneaux de jauge venant de Lisbonne avec 500 tonnes de marchandises à destination de St-Nazaire et le complément de son chargement pour Anvers.

A **St-Nazaire**, il paiera . . . . 1.000 tx $\times \dfrac{0,50}{2}$ = 250 fr.

Il ne paiera rien à la sortie pour le complément de son chargement à destination d'Anvers.

3e cas.   Supposons un navire de 1.000 tonneaux de jauge, venant de Lisbonne avec 250 tonnes de marchandises à des-

(1) D'après l'article 1er de la loi du 30 janvier 1893 on entend par ports de cabotage international, tous ceux situés en deça des limites, ci-après :
Au Sud, le 30e degré de latitude nord ;
Au Nord, le 72e degré de latitude nord ;
A l'Ouest, le 15e degré de longitude du méridien de Paris ;
A l'Est, le 44e degré de longitude du méridien de Paris, c'est-à-dire en général tous les ports européens et méditerranéens.

tination du Havre et le complément de son chargement
pour Hambourg.

Au **Havre**, il paiera. . . . . .ᵉ. . . 1.000 tx $\times \dfrac{0, 50}{4} = 125$ fr.

Supposons un navire de 1.000 tonneaux de jauge venant   4ᵉ cas.
de Hambourg avec 100 tonnes de marchandises à destination de St-Nazaire.

A **St-Nazaire**, il paiera . . . . 1.000 tx $\times \dfrac{0, 50}{10} = 50$ fr.

Supposons un navire de 1.000 tonneaux de jauge, venant   5ᵉ cas.
de Hambourg et Anvers pour terminer son déchargement
au Havre et repartir sur lest pour le long-cours ou le cabotage international.

Débarquant au **Havre** 500 tonnes, il paiera. . 1.000 $\times \dfrac{0, 50}{2} = 250$ fr.

Ce navire repartant sur lest ne paiera rien à sa sortie.

Supposons un navire de 1.000 tonneaux de jauge, ve-   6ᵉ cas.
nant de Hambourg et Anvers, terminant son déchargement à Dunkerque et repartant chargé pour le long-cours,
New-York par exemple.

Débarquant à **Dunkerque** 250 tonnes, il paiera 1.000 $\times \dfrac{0 \text{ f. } 50}{4} = 125$ fr.

Embarquant à **Dunkerque** pour **New-York**
501 tonnes il paiera. . . . . 1.000 $\times$ 1 fr. $=$ 1.000 fr.

Total . . . . 1.125 fr.

Mais son maximum étant de 500 francs à raison de sa
provenance, il ne paiera en réalité que 500 francs.

7ᵉ cas. Supposons un navire de 1.000 tonneaux de jauge, venant de Hambourg et Anvers, terminant son déchargement à Dunkerque et repartant chargé pour le cabotage international, Lisbonne par exemple.

Débarquant à **Dunkerque** 250 tonnes, il paiera. $1.000 \times \dfrac{0,50}{4} = 125$ fr.

Embarquant à **Dunkerque** pour **Lisbonne** 500 tonnes de marchandises, il paiera. . . . . . . $1.000 \times \dfrac{0,50}{2} = 250$ fr.

Total. . . . . 375 fr.

8ᵉ cas. Supposons un navire de 1.000 tonneaux de jauge, venant de Liverpool au Havre, sans rien débarquer et repartant chargé pour le long-cours.

1° Du fait de son entrée il ne devra rien puisqu'il ne débarque rien.

2° *a*) Embarquant au **Havre** 501 tonnes il paiera $1000 \times 1 = 1000$ fr.

    b)   »   »   500   » $1000 \times \dfrac{1}{2} = 500$ fr.

    c)   »   »   250   » $1000 \times \dfrac{1}{4} = 250$ fr.

    d)   »   »   100   » $1000 \times \dfrac{1}{10} = 100$ fr.

Dans le cas *a*) il ne paiera que 500 fr. son maximum, par suite de la provenance.

9ᵉ cas. Supposons un navire de 1.000 tonneaux de jauge, venant de Liverpool au Havre sans rien débarquer, et repartant chargé pour le cabotage international.

1° Du fait de son entrée il ne devra rien puisqu'il ne débarque rien.

2° *a*) Embarquant au **Havre** 501 tonnes il paiera $1000 \times 0,50 = 500$ fr.

    b)   »   »   500   » $1000 \times \dfrac{0,50}{2} = 250$ fr.

    c)   »   »   250   » $1000 \times \dfrac{0,50}{4} = 125$ fr.

    d)   »   »   100   » $1000 \times \dfrac{0,50}{10} = 50$ fr.

Supposons un navire de 1.000 tonneaux venant de Liver- 10ᵉ cas.
pool, chargeant au Havre et à Bordeaux pour New-York
sans rien débarquer.

Au Havre, embarquant 501 tonnes il paiera   1000 × 1 fr. = 1000 fr.
A **Bordeaux**   »   »   »   1000 fr.
                Total. . . . . 2.000 fr.

Mais comme d'après sa provenance, son maximum est de
500 francs, il ne paiera en réalité que 500 francs.

Supposons un navire de 1.000 tonneaux de jauge, venant 11ᵉ cas.
de Liverpool, chargeant au Havre et à Bordeaux pour Lisbonne, sans rien débarquer.

Au **Havre**, embarquant 500 tonnes, il paiera $1000 \times \dfrac{0,50}{2}$ = 250 fr.

A **Bordeaux**,   »   100   » $1000 \times \dfrac{0,50}{10}$ = 50 fr.

                Total. . . . . 300 fr

Supposons un navire de 1.000 tonneaux de jauge venant 12ᵉ cas.
de Hambourg, faisant escale au Havre et à Bordeaux à destination de Baltimore et faisant la double opération de débarquement et d'embarquement dans les deux ports d'escale.

Débarquant au **Havre** 501 tonnes, il paiera 1000 × 0,50 = 500 fr.
Embarquant   »   »   1000 × **1** fr. = 1000 fr.
Débarquant à **Bordeaux**, 501 tonnes. . . . 1000 × 0,50 = 500 fr.
Embarquant   »   »   1000 × 1 fr. = 1000 fr.
                Total . . . . 3000 fr.

Mais son maximum étant de 500 francs en raison de sa
provenance, il ne paiera en réalité que 500 francs.

13ᵉ cas. Supposons un navire *français* de 1000 tonneaux de jauge, venant de Lisbonne à destination de Dunkerque et le Havre, débarquant à Dunkerque et au Havre et embarquant à Dunkerque des marchandises pour le Havre.

Débarquant à **Dunkerque** 250 tonnes, il paiera $1000 \times \dfrac{0{,}50}{4} = 125$ fr.

Embarquant à **Dunkerque** pour le **Havre** 501 tonnes, il paiera. . . . . , néan t.

Débarquant au **Havre** 500 tonnes de marchandises venant de

Lisbonne, il paiera. . . . . . . $1.000 \times \dfrac{0{,}50}{2} = 250$ fr.

» 501 tonnes de marchandise venant de

Dunkerque il paiera. . . . . néant

Total. . . . . 375 fr.

Les opérations d'embarquement et de débarquement à Dunkerque et au Havre de marchandises prises ou déposées dans ces ports, constituent une opération de *cabotage national* qui n'est pas soumise au droit de quai : elle ne peut être faite que par un navire français.

14ᵉ cas. Supposons un navire de 1.000 tonneaux de jauge venant de Liverpool à destination du Havre, Lisbonne et Marseille et retournant à Liverpool.

1° Au **Havre**,

Débarquant 501 tonnes de marchandises . . . . $1.000 \times 0{,}50 = 500$ fr.

Embarquant pour **Lisbonne** 500 tonnes. . . $1.000 \times \dfrac{0{,}50}{2} = 250$ fr.

» » pour **Marseille** 500 tonnes. . . . . néant.

Total. . . . . 750 fr.

2° A **Marseille**,

Débarquant 500 tonnes de marchandises prises au **Havre** . . . néant.

» » 250 » » **Lisbonne** $1.000 \times \dfrac{0{,}50}{4} = 125$ fr.

Embarquant 500 tonnes pour **Liverpool** . . . $1.000 \times \dfrac{0{,}50}{2} = 250$ fr.

Total. . . . . 125 fr.

A son escale au Havre, ce navire au lieu de 750 francs ne paiera que son maximum de 500 francs en raison de sa provenance, il semblerait donc à première vue qu'il devrait être exempt de tout droit à sa seconde escale en France, à Marseille, puisqu'il a payé son maximum au port de prime abord. Mais, comme entre ces deux escales il a touché un port étranger, Lisbonne, il est censé aux regards du port français, avoir commencé un nouveau voyage et il paiera dans ce port français, en l'espèce Marseille, un droit proportionné à ses opérations de débarquement et d'embarquement; c'est-à-dire 375.

Au total donc. . . . . 875 fr.

Supposons un paquebot à vapeur de *n'importe quel tonnage* venant de Hambourg, ayant à bord des passagers et des marchandises, faisant escale au Hâvre avant de se rendre à New-York lieu de sa destination :

15e cas.

Débarquant au **Havre** :

150 passagers, soit 150 tonnes à 0,50	75 fr.
6 chevaux, soit 12 tonnes à 0,50	6 »
8 voitures à 2 roues, soit 9 tonnes à 0,50	4 fr. 50
1 voiture à 4 roues, soit 4 tonnes à 0,50	2 fr.
	87 fr. 50

Embarquant au **Havre** pour **New-York** :

30 passagers, soit 30 tonnes à 1 franc	30 fr.
20 chevaux, soit 40 tonnes à 1 franc.	40 fr.
3 voitures à 2 roues, soit 9 tonnes à 1 franc	9 »
2 voitures à 4 roues soit, 8 tonnes à 1 franc.	8 »
Total.	174 fr. 50

Dans aucun cas, le navire ne pourra payer plus qu'il ne l'aurait fait en liquidant le maximum de ses droits sur son tonnage net, soit 0,50 par tonneau de jauge.

B. — 7

16ᵉ cas.   Supposons un navire de 1.000 tonneaux de jauge, venant de Hambourg avec des passagers et 40 tonnes métriques de marchandises :

Débarquant au **Havre**
150 passagers, soit 150 tonnes à 0,50. . . . .   75 fr.
Ayant à bord 40 tonnes de marchandises à 0,50. . . . .   20 »
Total. . . . .   95 »

Il ne devra rien pour ses opérations de sortie.

§ 10. — Critique de la loi de 1897.

Nous croyons avoir suffisamment mis en lumière, au cours de l'historique que nous avons tracé de notre législation sur le droit de quai, combien la loi nouvelle favorisait la navigation d'escale étrangère au détriment même de notre marine marchande. Nous avons également établi que cette mesure avait été en quelque sorte imposée par les nécessités commerciales et par le vif désir que l'on avait de faciliter et de développer notre commerce d'exportation. Nous croyons donc superflu de revenir sur cette idée, autrement que pour la rappeler et renvoyer aux explications déjà fournies.

A côté de cette critique d'ordre général ou si l'on préfère de fond, nous en formulerons deux qui se rapportent plutôt aux moyens que le législateur a mis à la disposition de l'administration pour lui permettre d'appliquer la loi :

1° La première se rapporte à l'emploi fait de la tonne métrique comme moyen d'évaluer la marchandise au lieu du tonneau d'affrètement ;

2° La seconde a trait à l'absence de moyens pratiques fournis à l'administration des douanes pour recevoir et vérifier les déclarations qui lui sont faites.

1. — *Emploi de la tonne métrique.*

Avant d'aborder le point précis qui doit faire l'objet de cette discussion, il nous semble indispensable de donner quelques explications sur le tonnage et les différents sens du mot tonne ou tonneau.

Le tonnage est un terme ayant trois acceptions :

1° La tonne métrique est un poids de 1000 kilogram mes ;

2° Le tonneau de cubage ou d'encombrement représente les 42 pieds cubes acceptés comme unité de chargement par l'ordonnance de la marine de 1681 ; il répond à 1 mètre cube, 44 centièmes (Circ. des douanes, 14 novembre 1861); c'est donc un volume, c'est-à-dire *l'unité de mesure de l'encombrement occasionné par la cargaison à bord* ;

3° Le tonneau d'affrètement est le rapport entre le poids et le volume de la marchandise.

Ceci posé, deux choses sont à considérer dans l'utilisation d'un navire :

1° Le poids qu'il peut porter ;

2° Le volume sous lequel ce poids peut être enfermé.

Les marchandises françaises ont généralement peu de poids pour un volume important; elles sont « encombran tes » ; un navire entièrement chargé de ces marchandises sera rempli sans avoir à bord le poids qu'il pourra porter, ou en d'autres termes « il ne portera pas en lourd son em-combrement ». La marchandise étrangère, au contraire, est généralement beaucoup plus pesante que volumi-neuse ; par exemple, un navire avec son « lourd » complet de produits anglais aura un grand vide dans sa cale.

On aperçoit immédiatement d'après ce que nous venons de dire, la nécessité de ne point compter toutes les mar-chandises de la même façon, sous peine de commettre de criantes injustices. C'est alors qu'apparaît l'utilité du « tonneau d'affrètement » qui, comme nous l'avons dit, tient compte du poids et du volume de la marchandise, qui, en un mot, prévoit trois façons pour faire l'évaluation de la marchandise :

a) Par le poids ;

b) Par le cubage ;

c) Par le nombre.

a) *Poids*. — Lorsqu'il s'agit d'évaluer une marchandise très lourde, comme le plomb, on la prend à raison de 1.000 kilogs par tonneau d'affrètement.

Supposons maintenant une marchandise un peu moins lourde pour son volume ou, si l'on préfère, qui, à poids égal « encombrerait » beaucoup plus le navire : les cacaos en sac par exemple. On les prend à raison de 700 kilogs pour un tonneau d'affrètement. Soit une différence cette fois de 300 kilogs avec la tonne métrique. Si par exemple nous avons 40.000 kilogs de ces cacaos, nous aurons exac-tement 40 tonneaux en prenant la tonne métrique pour mesure et $\dfrac{40.000}{700} = 56$ tonneaux, si nous comptons au tonneau d'affrètement.

b) Cubage. — S'il s'agit au contraire de marchandises volumineuses, on considère de préférence leur volume et on les prend à raison de 1 m. 44 c. par tonneau.

On aperçoit immédiatement la différence profonde qui se produit lorsque ces marchandises sont évaluées à raison de 1 tonneau pour 1000 kilogrammes.

c) Nombre. — Certaines marchandises comme les chaises, les barriques de vin sont évaluées au nombre :

Ainsi 324 bouteilles font un tonneau.

4 barriques de vin font un tonneau.

D'autres marchandises enfin, étant donné le rapport qui existe entre leur poids et leur volume sont indifféremment comptées en poids ou en volume : de ce nombre sont les boissons.

Les chiffres que nous venons d'indiquer ont été fixés par les décrets des 25 avril 1861 et 24 septembre 1864, qui ont déterminé comme suit, le rapport entre le volume et le poids sur 1.094 catégories de marchandises.

190 sont comptées en poids ;
34 indifféremment au poids ou à l'encombrement ;
60 sont mesurées à l'unité de 1 mc. 44 centièmes ;
810 sont prises au tonneau d'affrètement.

En instituant la tonne métrique de 1000 kilogrammes comme seule mesure de toutes ces catégories de marchandises, le législateur de 1897 a donc modifié la méthode jusqu'alors employée pour évaluer la plupart d'entre elles.

1° Il a commis une injustice, car il n'est pas juste que 1000 kilogs de plumes, par exemple, paient le même droit que 1000 kilogs de plomb, tout en occupant sur le navire une place peut-être vingt fois plus grande;

2° Il a compliqué considérablement la mise en œuvre de la loi, en obligeant l'administration de la douane à peser toutes les marchandises sur lesquelles porte le droit. Or comme cette manutention excessive est impossible et n'a point lieu en fait, il peut se produire des fraudes ou tout au moins des déclarations inexactes ;

3° Il a rendu beaucoup plus difficile sinon impossible le calcul que l'armateur doit faire des droits qu'il aura à payer. En effet, le fret est généralement calculé par tonneau d'affrètement. Les péages locaux sont également perçus sur le tonneau d'affrètement. L'armateur devra donc faire un calcul très difficile puisqu'il aura pour base le pesage de la marchandise, afin de savoir quel droit de quai il sera tenu de payer.

II. — *Absence de réglementation pour la mise en œuvre de la loi.*

Le législateur de 1897 a décidé, nous l'avons vu, que le droit de quai serait calculé sur les marchandises embarquées ou débarquées. Nous avons vu, en outre, que l'embarquement ou le débarquement d'un tonneau de plus ou de moins pouvait augmenter ou diminuer la quotité du droit de quai de 50 0/0 et dans un cas de 60 0/0.

Il est par conséquent, indispensable que la douane ait

en mains un moyen très sûr de connaître, à *un tonneau près*
les opérations de débarquement ou d'embarquement effectuées : sans quoi, d'une part, le Trésor se trouvera grave-
ment lésé et d'autre part, la navigation d'escale qui a déjà
reçu une faveur que beaucoup trouvent excessive, sera
encore facilitée au détriment de la marine marchande nationale.

Eh ! bien, il se trouve qu'en fait, l'administration de la
douane est absolument dépourvue de tout moyen de ce
genre. Elle est, en effet, obligée de s'en rapporter aux déclarations qui lui sont faites par le capitaine ou son représentant. Les trois moyens qui sembleraient devoir lui
permettre de vérifier ces déclarations sont, nous allons le
voir, ou insuffisants ou inefficaces.

1° *Permis.* — La douane pointe les permis qui ont servi
à l'embarquement ou au débarquement des marchandises.
Ces permis doivent donner sur la marchandise les détails
les plus complets : provenance et destination, nature de la
marchandise, désignation des caisses avec numéros, poids,
etc. Or, il se trouve que ces permis sont établis par les dé-
clarants, c'est-à-dire par ceux qui reçoivent ou expédient
les marchandises et qui ont un intérêt très éloigné à l'application du droit de quai.

Certains, à la vérité, donnent bien le poids exact de la
marchandise et sont vérifiés de très près par la douane.
Exemple : le permis de *consommation*.

Le vérificateur de la douane constate de très près si la
marchandise mentionnée au permis est bien *identique-*

ment la même que celle en faveur de laquelle on lui demande la permission de franchir la barrière douanière. Comme en outre, des droits sont généralement perçus sur cette marchandise, elle se trouve livrée à un examen très détaillé. En se reportant ultérieurement au *permis de consommation*, on peut donc avoir d'une façon très exacte le poids des marchandises qui s'y trouvent mentionnées.

Il n'en est plus de même pour d'autres permis, et notamment pour le *permis de transbordement pour l'étranger*.

Ce permis est levé pour transborder d'un navire à l'autre de la marchandise arrivant de l'étranger ou d'un port français et retournant à l'étranger, mais sans franchir la barrière douanière. Dès lors, au point de vue de son transbordement, que peut importer à la douane le poids qu'elle pèse. A son débarquement, le commis de dehors présente au vérificateur de la douane le permis mentionnant la marchandise et son poids vrai ou faux. Le vérificateur sans contrôler l'exactitude des affirmations énoncées au permis, écrit d'un côté : bon à débarquer.

Puis à l'embarquement, la marchandise est présentée à un nouveau vérificateur, quand ce n'est pas au même, et qui signe le bon à embarquer si le poids déclaré et le poids apparent ne sont pas trop disproportionnés. Il est bien évident que l'on ne pourrait faire passer des sacs à la place de caisses, ni des sacs de 500 kilogs pour des sacs de 100 kilogs. Mais qu'une caisse pesant réellement 500 kilogs soit annoncée comme n'en pesant que 400 kilogs, rien n'est en pratique plus facile ni plus fréquent. Sur une grande quantité, il est donc très possible de faire une différence de plusieurs tonneaux. Et en se rappelant nos explications du début, on aperçoit aisément les conséquences d'une telle erreur.

En outre, certains permis suivent la marchandise ; ceux de mutation d'entrepôt, de transbordement pour la France, etc., comment la douane pourra-t-elle se les procurer ? En allant chercher les duplicata dans les différents bureaux où les permis ont été levés ? Fort bien, mais ces duplicata peuvent être faux et dans tous les cas, pour certains d'entre eux, le poids énoncé ne peut offrir une garantie sérieuse à la douane puisque la marchandise n'a pas été reconnue par elle.

2° *Connaissement.* — La douane voit aussi le connaissement qu'on est obligé de lui présenter à cause du timbre et pour justifier la provenance de la marchandise.

Mais, d'une part, le connaissement ne porte pas nécessairement le poids de la marchandise. Ainsi, par exemple, ce poids n'est généralement pas mentionné pour la marchandise dont le fret est payé d'avance.

D'autre part, le connaissement qui est rédigé à l'embarquement de la marchandise ne peut tenir compte du « déchet de route ». Vous embarquez, par exemple, 100 tonnes de blé ou de maïs à Baltimore : au Havre vous n'en retrouvez plus que 98. Le connaissement porte néanmoins 100 tonnes.

3° *Manifeste de chargement.* — Le manifeste de char-

gement est la liste de toutes les marchandises à bord.
Cette liste doit être dressée au moins à deux myriamètres
des côtes et être revêtue de la signature du capitaine. Mais
celui-ci n'est pas obligé de mentionner le poids des marchandises, et en fait il ne le mentionne que très rarement.

La douane aurait peut-être un moyen de faciliter sa
tâche à l'aide de ce manifeste, du moins en ce qui concerne les marchandises débarquées. En effet, au fur et à
mesure de la levée des permis, elle pourrait mettre en
regard de chaque article du manifeste les poids déclarés
sur les permis. Et, comme toutes les opérations de détail
doivent être rapprochées de ce manifeste, il n'y aurait
pas moyen pour elle d'en oublier. Mais, le débarquement
n'est que la moitié de l'opération.

4° *Manifeste de fret*. — Celui-ci porte bien toutes les
indications nécessaires à la douane : mais c'est une pièce
absolument privée, qui n'intéresse que l'opération finan-
cière du navire et que d'ailleurs on ne remet jamais à la
douane.

Il y a cependant des cas dans lesquels la production du
compte fret est exigée ; c'est, par exemple, en ce qui concerne les bois. Pourquoi n'étendrait-on pas cette obligation ?

Un règlement d'administration publique, à défaut d'une
disposition dans la loi, pourrait prescrire cette production
ou toute autre mesure capable d'assurer le fonctionnement normal de la loi, c'est-à-dire la suppression absolue
de toute cause de fraude ou d'erreur.

CHAPITRE V

SECTION I. — **Nécessité et but de la police sanitaire.**

Avant d'examiner dans le détail les taxes sanitaires, il nous semble indispensable de dire un mot des intérêts supérieurs qui les ont fait établir et des modes institués pour l'organisation du service qu'elles doivent rémunérer.

La police sanitaire a été instituée afin de protéger le pays des maladies épidémiques ou contagieuses que les navires sont susceptibles d'apporter avec eux. On conçoit aisément, qu'en une telle matière, les modifications soient fréquentes et les progrès incessants. C'est ce qui explique le grand nombre des lois et décrets qui, depuis la loi du 3 mars 1822, fondamentale et d'ailleurs toujours en vigueur, jusqu'au décret du 4 janvier 1896 qui lui a donné sa dernière expression, l'ont successivement modifiée.

Jusqu'à cette époque, à l'arrivée des navires dans les ports, les capitaines étaient interrogés sur la provenance de leurs navires et sur leur état sanitaire, et soumis, s'il y avait lieu, à des mesures de quarantaine soit en rade, soit dans les lazarets. De tout temps, ces mesures vexatoires et onéreuses soulevèrent les réclamations de la navigation : elles étaient indispensables, à défaut d'autres moyens, pour défendre les populations contre l'invasion

de redoutables fléaux : elles ne sont plus justifiées aujour-
d'hui.

Grâce aux découvertes de la science pastorienne, la
prophylaxie des maladies épidémiques s'est précisée : l'hy-
giène a désormais à sa disposition des procédés sûrs et
rapides pour la destruction des germes morbifiques ; la
chaleur et les agents chimiques lui fournissent de puis-
sants moyens de désinfection. Une connaissance mieux
établie de la période d'incubation permet de limiter son
action.

L'administration sanitaire, s'inspirant de ces données
scientifiques, est entrée résolument dans la voie des réfor-
mes. Les principaux ports ont été dotés par elle d'étuves
à désinfection, et en même temps qu'elle s'efforçait de faire
pénétrer dans les habitudes maritimes une pratique qui
devait transformer si avantageusement le régime sanitaire,
elle atténuait graduellement la rigueur des mesures qua-
rantenaires. Depuis 1892, les quarantaines ont, en fait, à
peu près cessé d'exister, malgré la présence du choléra en
divers points de l'Europe, elles ont été remplacées par une
inspection médicale au départ et à l'arrvée des navires, par
une désinfection appropriée, et enfin par la délivrance aux
passagers, immédiatement débarqués, d'un passeport sanitaire permettant d'établir leur origine, de leur appliquer
en cas de maladie les mesures d'isolement nécessaires et
d'éviter ainsi la création d'un foyer.

Ce sont ces principes, base d'un nouveau régime sanitaire, qu'ont fait prévaloir les représentants de la France

dans les Conférences sanitaires internationales de Venise en 1892, de Dresde en 1893 et de Paris en 1894.

La Convention sanitaire signée à Dresde, le 15 avril 1893, par les représentants des divers pays de l'Europe a eu pour but « d'établir des mesures communes pour sauvegarder la santé publique en temps d'épidémie cholérique, sans apporter d'entraves inutiles aux transactions commerciales et au mouvement des voyageurs ».

Il restait à mettre le règlement du 22 février 1876 en harmonie avec les dispositions adoptées par cette convention, promulguée pour la France par décret du 22 mai 1894. L'œuvre a été longue et laborieuse, en raison des intérêts complexes qu'elle met en cause et de l'intervention de tous les services publics appelés à y coopérer. Toutefois, le progrès réalisé par le nouveau règlement n'est pas douteux : il diminue grandement les charges de la navigation ; il augmente les garanties qu'exige la protection de la santé publique ; il supprime les quarantaines pour les remplacer par des informations sanitaires précises (par des mesures prophylactiques prises, autant que possible, soit au départ, soit à bord du navire sous le contrôle d'un médecin spécialement agréé à cet effet), par une surveillance médicale appliquée, en cas de nécessité, aux passagers après leur mise en libre pratique, pendant une période de quelques jours correspondant à la durée d'incubation de la maladie ; il accorde des facilités et des avantages particuliers, tels qu'une notable réduction de taxes, aux navires qui, secondant les vues du service sanitaire, auront à bord un médecin sanitaire et une étuve à désinfection et pourront certifier à leur arrivée, que toutes les mesures de désinfection et d'assainissement prescrites ont été rigoureusement effectuées durant la traversée.

D'ailleurs, afin de justifier l'appréciation que nous venons d'émettre sur le décret du 4 janvier, nous allons successivement et rapidement passer en revue ses principales dispositions.

Ce décret comprend 15 titres et 135 articles. Si l'on avait pu en douter jusqu'alors, l'importance de la matière qu'il traite, comme aussi sa complexité deviendraient manifestes. Il n'entre point dans le cadre de ce travail d'étudier toutes ces dispositions, mais seulement celles qui peuvent et pouvaient avant la nouvelle législation être un obstacle sérieux à la visite de nos ports par les navires.

TITRE I. — Objet de la police sanitaire maritime.

Ce titre fait une distinction entre le choléra, la fièvre jaune et la peste, maladies exotiques nécessitant par leur nature même des mesures permanentes, et les autres maladies plutôt accidentelles mais toujours très graves et qui peuvent être l'objet de mesures spéciales, de ce nombre sont la variole et le typhus.

TITRE II. — Patente de santé.

Cette patente de santé est un document de la plus haute importance, dont tout navire doit demander la délivrance à tout port qu'il quitte et dans les 48 heures qui précèdent son départ. Cette patente a pour objet de mentionner l'état sanitaire du pays de provenance et particulièrement l'existence ou la non-existence des maladies citées au titre 1er.

La patente est dite *nette* quand elle constate l'absence de toute maladie pestilentielle dans la ou les circonscriptions d'où vient le navire : elle est *brute* quand la présence d'une maladie de cette nature y est signalée. On conçoit aisément la différence de traitement qui sera faite à un navire par l'autorité sanitaire du port où il veut entrer, selon que sa patente sera dans l'un ou l'autre de ces deux cas.

Les sanctions à l'absence ou à l'irrégularité de la patente sont très graves : des pénalités sont édictées par l'article 14 de la loi du 3 mars 1822, sans préjudice de l'isolement et des autres mesures auxquels le navire peut être assujetti par le fait de sa provenance et des poursuites qui pouraient être exercées en cas de fraude.

TITRE III. — **Médecins sanitaires maritimes.**

Comme compensation à la diminution des charges autorisées par la nouvelle loi dans les mesures sanitaires, se trouvent certaines précautions parmi lesquelles, l'obligation pour certains navires d'avoir à leur bord un médecin sanitaire maritime. Ces médecins sont choisis sur un tableau dressé par le ministre de l'intérieur et avec un soin donnant toutes les garanties désirables. Ils sont eux-mêmes tenus à un certain nombres d'obligations ayant pour but d'éviter toute introduction possible d'épidémie sur le territoire de la Métropole ou de ses colonies.

TITRES IV et VII. — **Mesures sanitaires au port de départ et mesures sanitaires à l'arrivée.**

Nous avons à dessein rapproché l'un de l'autre ces deux titres, qui dans le décret de 1896, sont séparés par deux autres titres. C'est qu'en effet, les mesures prescrites dans un port, soit au départ soit à l'arrivée d'un navire, sont bien de celles qui, dans certains cas, seraient susceptibles d'empêcher un navire de visiter ce port s'il devait y rencontrer des formalités trop dures ou trop onéreuses à remplir.

a) Au départ. — 1° Déclaration de départ avant d'embarquer marchandises ou passagers ;

2° Visite possible du navire par l'autorité sanitaire qui peut prescrire tels actes de précaution ou de désinfection qui lui semblent nécessaires et s'opposer à l'embarquement de certaines personnes ou de certaines choses susceptibles de propager des maladies pestilentielles.

b) A l'arrivée. — Tout navire qui arrive dans un port de France et d'Algérie doit avant toute communication, être reconnu par l'autorité sanitaire (art. 48). Cette reconnaissance porte des noms différents selon les cas.

1° Reconnaissance proprement dite, c'est-à-dire examen sommaire pour les navires exempts de suspicion.

2° Arraisonnement pour les autres. C'est un examen plus approfondi qui peut avoir comme conséquence *a*) l'inspection sanitaire ;

b) la visite médicale des passagers et de l'équipage.

Tout capitaine arrivant dans un port français est tenu de :

1° Empêcher toute communication, tout déchargement de son navire avant que celui-ci ait été reconnu et admis à la libre pratique ;

2° Produire aux autorités chargées de la police sanitaire tous les papiers de bord ; répondre après avoir prêté serment de dire la vérité à l'interrogatoire sanitaire, et déclarer tous les faits, donner tous les renseignements venus à sa connaissance et pouvant intéresser la santé publique ;

3° Se conformer aux règles de la police sanitaire ainsi qu'aux ordres qui lui sont donnés par les dites autorités (art. 52).

D'autre part, nous avons vu plus haut que tout navire devait être muni d'une patente de santé et que celle-ci pouvait être nette ou brute.

1° *Patente nette.* — Le navire est alors immédiatement admis à la libre pratique après la reconnaissance ou l'arraisonnement, sauf dans les cas suivants :

a) Lorsque le navire a eu à bord, pendant la traversée, des accidents certains ou suspects de choléra, de fièvre jaune ou de peste, ou d'une maladie grave transmissible et importable ;

b) Lorsque le navire a eu en mer des communications de nature suspecte ;

c) Lorsqu'il présente à l'arrivée, des conditions hygiéniques dangereuses ;

d) Lorsque l'autorité sanitaire a des motifs légitimes de contester la sincérité de la teneur de la patente de santé ;

e) Lorsque le navire provient d'un port qui entretient des relations libres avec une circonscription voisine contaminée ;

f) Lorsque le navire, provenant d'une circonscription où régnait peu auparavant une maladie pestilentielle, a quitté cette circonscription avant qu'elle ait cessé d'être considérée comme contaminée.

Dans ces différents cas, le navire, bien que muni d'une patente nette, peut être assujetti aux mêmes mesures que s'il avait une patente brute (art. 54).

2° *Patente brute.* — Tout navire arrivé avec une patente brute est considérée suivant les cas énumérés par l'article 56 comme indemne, suspect ou infecté.

a) Navire indemne. — Est soumis au régime suivant (art. 57) :

I. — Visite médicale des passagers et de l'équipage ;

II. — Désinfection du linge sale, des effets à usage, des objets de literie ainsi que de tous autres objets ou bagages que l'autorité sanitaire du port considère comme contaminés.

Le traitement varie également d'après le nombre de jours qui sépare l'arrivée du navire du moment où il a quitté un port contaminé (art. 57 *in fine*).

b) Navire suspect. — Est soumis au régime suivant (art 58) :

I. — Visite médicale des passagers et de l'équipage ;

II. — Désinfection du linge sale, des effets à usage, des objets de literie ainsi que de tous autres objets ou bagages que l'autorité sanitaire du port considère comme contaminés.

c) Navire infecté. — Est soumis au régime suivant (art 59) :

I. — Les malades sont immédiatement débarqués et isolés jusqu'à leur guérison ;

II. — Les autres personnes sont soumises à une observation qui varie selon le cas ;

III. — Le linge sale, les effets à usage, les objets de literie ainsi que tous autres objets ou bagages que l'autorité sanitaire du port considère comme contaminés sont désinfectés.

IV. — L'eau potable du bord est renouvelée. Les eaux de cale sont évacuées après désinfection.

V. — Il est procédé à la désinfection du navire ou de la partie du navire contaminé après le débarquement des passagers, et, s'il y a lieu le débarquement des marchandises.

TITRES V et VI. — **Mesures sanitaires pendant la traversée et dans les ports d'escales contaminés.**

De ces mesures, nous nous occuperons moins pour deux raisons :

c'est que d'abord en ce qui concerne les premières, il est assez difficile d'obliger à leur exécution puisqu'elles doivent être prises en cours de route ; ensuite, pour les autres, elles ont à peine besoin d'être prescrites puisque leur observation profite au navire intéressé et non au port visité. Toutefois, l'intérêt que présente pour un navire leur stricte observation réside dans la plus ou moins grande facilité avec laquelle il sera accueilli dans un port déterminé selon que ces mesures auront été par lui observées ou non.

TITRE VIII

Le titre VIII concerne l'importation et le transit des marchandises qui peuvent être, selon les cas, prohibés ou soumis à la désinfection. La source de difficultés pour le navire ne vient plus de son lieu d'origine mais des marchandises qu'il transporte.

TITRE IX. — Stations sanitaires et lazarets.

Comme l'indique sa rubrique, ce titre énumère les appareils et moyens de tous genres mis dans les ports à la disposition des autorités sanitaires pour leur permettre de mener à bien la mission de préservation qui leur a été confiée.

TITRE X

Ce titre traite des droits perçus en rémunération des services obligatoires dont nous venons de donner la nomenclature. Comme c'est là, en somme, le but de notre étude, nous le traiterons d'une façon spéciale un peu plus loin.

TITRES XI et suivants.

Traitent des autorités sanitaires et des conseils organisés pour mener à bonne fin cette œuvre de préservation sociale qu'est la police sanitaire.

SECTION II. — Division des taxes sanitaires.

Les taxes sanitaires portent : soit sur les navires seulement, soit à la fois sur les navires et sur les passagers et les marchandises.

Elles forment quatre classes, savoir :

1° Droit de reconnaissance à l'arrivée ;

2° Droit de station ;

} pour les navires.

3° Droit de séjour dans les stations sanitaires et lazarets ;

} pour les personnes.

4° Droit de désinfection.

} pour le linge sale, les effets à usage, les objets de literie du bord et tous autres objets considérés comme contaminés, les marchandises, les chiffons et drilles, le navire ou la partie du navire contaminé.

(Art. 24 du décret du 4 janvier 1896, rendu en vertu de la loi du 3 mars 1822.)

Sont exemptés de tous droits sanitaires :

1° Les bâtiments de guerre et les bateaux appartenant aux divers services de l'État ;

2° Les bâtiment en relâche forcée ou volontaire, pourvu qu'ils ne donnent lieu à aucune opération sanitaire et qu'ils ne se livrent dans le port de relâche qu'à des opérations de ravitaillement ou d'approvisionnement de charbon (1) ;

3° Les bateaux de pêche français ou étrangers, y compris les transports rapportant le poisson dans les ports français, pourvu qu'ils ne fassent pas d'opération de commerce dans le port où ils abordent ;

4° Les bâtiments allant faire des essais en mer sans se livrer à des opérations de commerce.

Décret du 4 janvier 1896, art. 99.

(1) Décret du 23 novembre 1899, *Officiel*, 18 décembre 1899.

Sont également affranchis des droits sanitaires, les navires qui les ont acquittés dans un port de-prime-abord (Décret du 4 janvier 1896, art. 96). Mention de l'acquittement est faite sur le congé ou le passeport (Lettre commune, n° 453).

§ 1. — Droit de reconnaissance.

Le droit de reconnaissance est perçu à l'arrivée des navires. Il est proportionnel à leur tonnage, et la quotité en est déterminée par les conditions de la navigation. L'article 94 du décret du 4 janvier 1896 qui règle la matière, est ainsi conçu en ce qui concerne le droit de reconnaissance.

Les droits sanitaires sont :

Droit de reconnaissance à l'arrivée, savoir :

Navires naviguant au cabotage français (l'Algérie comprise) d'une mer à l'autre, par tonneau : 5 centimes ;

Navires naviguant au cabotage international, par tonneau : 10 centimes ;

Navires naviguant au long-cours, par tonneau : 15 centimes ;

Navires faisant un service régulier d'un port européen dans un port de la Manche ou de l'Océan, par tonneau : 5 centimes ;

Navires venant d'un port étranger dans un port fran çais de la Méditerranée, si la durée habituelle et totale de la navigation n'excède pas 12 heures, par tonneau 5 centimes.

Les navires appartenant à ces deux dernières catégories pourront contracter des abonnements de six mois ou d'un an. L'abonnement sera calculé à raison de 50 centimes par tonneau et par an, quel que soit le nombre des voyages.

§ 2. — Droit de station.

De même que le droit de reconnaissance dont nous venons de parler, et de même aussi, que le droit de séjour dans les lazarets dont nous allons avoir à parler, le droit de station, aux termes du décret de 1896, resta fixé à son ancien taux et continua à être perçu sur la même base que précédemment.

Il est perçu sur les navires soumis à une quarantaine et est fixé à 3 centimes par tonneau pour chaque jour de quarantaine (Décret du 4 janvier 1896, art. 94).

Les dépenses résultant de la désinfection des navires sont à la charge de l'armement (Décret du 4 janvier 1896, art. 94).

§ 3. — Droit de séjour.

Le séjour dans les stations sanitaires et lazarets donne lieu aux droits ci-après :

1re classe	2 fr.	par jour et par personne.
2e classe.	1 fr.	—
3e classe.	0 fr. 50	—

En cela, nous l'avons dit, le décret de 1896 n'innove point. Il n'en va pas de même en ce qui concerne les dispensés de ce droit, auxquels le décret en question ajoute les militaires et les marins.

Dès lors, sont donc dispensés de ce droit :

Les militaires et les marins ;
Les enfants au-dessous de sept ans ;
Les indigents embarqués aux frais du gouvernement ou *d'office* par les consuls.

§ 4. — Droit de désinfection.

Sous le régime antérieur, ce droit n'atteignait que les marchandises : aux termes du décret de 1896, il peut s'appliquer à tous les objets considérés comme contaminés ainsi qu'au navire et doit être perçu pour les navires par tonneau de jauge, d'après les tarifs fixés par l'article 94. Voici d'ailleurs quels sont ces tarifs :

1° *Désinfection du linge sale, des effets à usage, des objets de literie du bord et de tous les autres objets ou bagages considérés comme contaminés :*

```
. Par voyageur débarqué, 1re classe. . . . . . . . . . . .   1 franc
      —               2e    —     . . . . . . . . . .   0 fr. 50
      —               3e    —     . . . . . . . . . .   0 fr. 25
Par homme d'équipage (Etat-Major compris). . . . .   0 fr. 25
```

2° *Désinfection des marchandises.*

```
Désinfection pratiquée à bord des navires par tonneau
   de jauge . . . . . . . . . . . . . . . . . . . . . .   0 fr. 05
Marchandises débarquées pour être désinfectées :
Marchandises emballées, par 100 kil. . . . . . . . .   0 fr. 50
Cuirs, les 100 pièces. . . . . . . . . . . . . . . . .   1 franc
Petites peaux non emballées, les 100 pièces. . . . .   0 fr. 50
```

3° *Désinfection des chiffons et drilles.*

```
Par 100 kilos . . . . . . . . . . . . . . . . . . . . .   0 fr. 50
```

4° *Désinfection du navire ou de la partie du navire contaminée.*

Pour le navire entier, par tonneau de jauge. . . . .   0 fr. 02
Si la désinfection ne porte que sur la partie du navire contaminée,
le droit est réduit de moitié.

Les droits autres que ceux afférents à la désinfection des
drilles et chiffons pourront d'ailleurs être réduits de moitié pour les navires qui, ayant à bord un médecin officiel-
lement agréé par le gouvernement du pays auquel appartient le navire et pourvus d'une étuve à désinfection,
présentent toutes les conditions de sécurité exigées par
l'autorité sanitaire chargée, en outre, de s'assurer que
toutes les mesures d'assainissement et de désinfection
prescrites par le titre V du décret de 1896 ont bien été prises au cours de la traversée.

Tous les droits sanitaires sont à la charge de l'armement
ainsi que les frais résultant soit des manipulations, main-
d'œuvre et transport, soit de l'emploi des désinfectants
chimiques. Il en est de même des droits applicables aux
émigrants et aux pèlerins voyageant en vertu d'un contrat. Quant à la désinfection des drilles et chiffons, la dé-
pense reste suivant l'usage, à la charge de la marchandise.

SECTION III. — **Critique des taxes sanitaires.**

Avant d'aborder la critique des taxes sanitaires que
nous devons examiner séparément, nous croyons devoir

rappeler une idée d'ordre général que nous avons exposée au début de ce travail et sur laquelle nous aurons occasion de revenir ultérieurement. Il s'agit de ce que l'on peut appeler la justification, la raison d'être des droits de ports, et nous avons vu que cette raison d'être, était un service rendu que les droits en question devaient rémunérer. Nous avons également vu que, dans certains cas, le législateur qui édicte les droits de ports a simplement pour but d'établir une équation aussi exacte que possible entre leur taux et le service qu'ils doivent payer, et que dans certains autres, il a, en outre, l'intention d'assurer des ressources au Trésor. Eh ! bien, nous allons maintenant plus loin et n'hésitons point à dire que, si nous ne condamnons pas en principe ce second but, du moins nous ne voulons pas qu'il soit poursuivi par n'importe quels droits, mais uniquement par l'un d'entre eux, celui de quai. Nous nous expliquerons plus loin sur la raison de notre préférence, mais on aperçoit immédiatement l'unité que notre conception peut permettre de donner à la législation des droits de ports.

Il reste maintenant une petite difficulté à résoudre pour l'application de cette idée, que les droits, autres, que celui de quai, doivent uniquement rémunérer le service rendu. On peut, en effet, concevoir deux méthodes : ou bien les frais occasionnés par le service rendu à un navire, seront additionnés chaque fois et payés par ce navire : ou bien on présumera que tel service est toujours nécessaire à un navire et le taux en sera fixé par un règlement fait d'avance.

Il est certain que la première méthode serait plus exacte, plus juste : mais on voit immédiatement aussi qu'elle serait dans bien des cas impraticable et ne permettrait guère à un navire, visitant un port pour la première, fois de savoir ce qu'il aura de droits à payer dans ce port. Nous n'insistons donc point sur l'opportunité d'employer une méthode plutôt que l'autre : ce sont les circonstances qui doivent dicter le choix du législateur.

Nous allons maintenant examiner, à propos de chaque taxe sanitaire, si elle répond à l'idée que nous avons exprimée ci-dessus.

§ 1. — Droit de reconnaissance.

Lorsqu'un navire veut entrer dans un port, un officier du service de santé se rend dans un canot *le long du bord* et se fait remettre la patente du navire et le questionnaire signé par le capitaine. Puis, selon les cas, il admet ce navire en libre pratique ou l'envoie en quarantaine. Eh ! bien, pour cette formalité indispensable il est vrai, mais fort simple, il est perçu, nous l'avons vu, un droit variant de 0 fr. 15 à 0 fr. 05 par tonneau de jauge, selon la provenance du navire. Un navire jaugeant 1.000 tonneaux, venant de Baltimore au Havre et reconnu dans un excellent état sanitaire, devra néanmoins payer 150 francs de droits de reconnaissance. Y a-t-il là une représentation même approximative du service rendu ? Assurément non.

D'abord, à part les ports de Marseille, Le Havre et Bordeaux où il existe réellement un service sanitaire, composé d'un directeur et plusieurs officiers subalternes, ce sont habituellement les agents ordinaires de la douane qui remplissent ces fonctions. Ce droit pourrait donc être de ce chef considérablement réduit.

D'autre part, est-il bien équitable de faire également payer le navire contaminé et celui qui ne l'est point? C'est pourtant ce qui a lieu en réalité, le droit étant intégralement payé, qu'il y ait ou non suite à l'arraisonnement. Il nous semble également, que dans ce second cas,il aurait pu être réduit par rapport au précédent.

En outre, l'administration des douanes, en voulant ajouter encore à la rigueur de cette législation par l'interprétation qu'elle donnait au décret de 1896, souleva une controverse que nous allons exposer.

Nous avons vu plus haut et nous rappelons pour plus de clarté que le droit de reconnaissance sanitaire est ainsi fixé dans le décret du 4 janvier 1896, art. 94 :

« Navires naviguant au cabotage français (l'Algérie comprise), d'une mer à l'autre, par tonneau. . . . .   5 centimes

Navires naviguant au cabotage international, par tonneau.   10   —

Navires naviguant au long cours, par tonneau. . .   15   —

Navires faisant un *service régulier* d'un port européen dans un port de la Manche ou de l'Océan, par tonneau   5   —

Navires venant d'un port étranger dans un port français de la Méditerranée, si la durée habituelle et totale de la navigation n'excède pas douze heures, par tonneau.   5   —

Les navires appartenant à ces deux dernières catégories pourront

contracter des abonnements de six mois ou d'un an. L'abonnement
sera calculé à raison de 50 centimes par tonneau et par an, quel que
soit le nombre des voyages.

Par conséquent, laissant de côté la navigation au long
cours pour laquelle le droit de 0 fr. 15 par tonneau de
jauge ne comporte pas d'exception et n'examinant que les
différentes taxes afférentes aux navires faisant le cabotage
international, c'est-à-dire la navigation entre les ports
européens, nous pouvons dire qu'en ce qui les concerne,
ces taxes deviennent les suivantes :

Navires quelconques faisant une navigation quel-
conque. . . . .   0 fr. 10
Navires faisant un *service régulier* d'un port euro-
péen sur un port de la Manche ou de l'Océan, à moins
de 10 voyages par an . . . .   0 fr. 05
Les mêmes, à plus de 10 voyages par an . . . . . . Abonnement

Restait donc à déterminer ce que l'on entendait par
navire faisant un service régulier. La question fut posée à
la douane en juillet 1896. Un an plus tard seulement,
c'est-à-dire en juillet 1897, l'Administration supérieure
fit savoir quelles étaient les formalités à remplir pour
obtenir le bénéfice de la réduction du droit et de l'abonnement.

« Après examen de la question, dit l'Administration
supérieure, pour obtenir le bénéfice de la réduction du
droit, il faut :

1º Que la Compagnie de navigation fasse à la douane la déclaration du service régulier qu'elle a l'intention d'effectuer ;
2º Qu'elle fasse connaître *nominativement* les navires qu'elle se
propose d'affecter à ce service ;

3° Qu'elle remette à la douane les annonces, affiches et tous autres documents propres à prouver que la ligne a bien le caractère de régularité nécessaire ;

4° Qu'elle fasse connaître, à l'avance, les dates ou les jours de départ et d'arrivée des navires ;

5° Qu'elle prouve que ces départs et ces arrivées ne sont pas subordonnés au plus ou moins d'abondance de fret ;

6° Qu'elle n'interrompe pas le service, ou que la durée des interruptions s'il doit y en avoir, soit nettement et préalablement déterminé (service d'été par exemple). »

Et la douane ajoutait :

« Fixée sur ces différents points, la douane admet les navires dénommés et affectés audit service régulier à n'acquitter que le droit de 0 fr. 05, ou à souscrire un abonnement. »

Les réclamations se firent nombreuses et très vives sur cette interprétation et les conditions exigées pour obtenir la réduction. On fit notamment remarquer (1), que c'était la ligne qui devait avoir le caractère de régularité et non les voyages du navire, et qu'un navire devait bénéficier de la réduction, quel que fût le nombre de ses voyages sur cette ligne régulière, pourvu qu'il n'entreprît point d'autres voyages sur d'autres lignes. La douane résista longtemps, mais dut enfin céder devant la justesse des observations qui lui étaient présentées.

Aujourd'hui, par conséquent, les navires du cabotage international faisant un service régulier, c'est-à-dire *appartenant, affectés à des lignes régulières* faisant de 1 à 9 voyages par an, paient 0 fr. 05.

(1) *Recueil Havrais*, n° 67 du 5 septembre 1897. Article de M. G. Buchard.

Les mêmes faisant 10 voyages ou plus par an recourent à l'abonnement.

§ 2. — Droit de station.

Lorsqu'un navire est en quarantaine, il séjourne dans un endroit spécial sans que personne puisse descendre de son bord, et paie pour ce stationnement un droit de 3 centimes par tonneau de jauge. Ce droit est, en principe, justifié par l'existence d'un cordon sanitaire, c'est-à-dire de surveillants chargés d'empêcher tout débarquement, et par l'aménagement de ce bassin spécial, où devrait se faire ce stationnement. Mais il se trouve qu'en fait :

1° Les surveillants sont généralement suppléés par la présence à bord du pilote qui est responsable de tout débarquement sous peines disciplinaires très graves ;

2° Le lieu n'existe habituellement pas et les navires en quarantaine séjournent dans un bassin quelconque.

Ces arguments ont encore plus de force lorsque les quarantaines se font en rade comme cela arrive dans certains cas graves.

Ce droit ne correspondant à aucun service réellement rendu pourrait donc être, et par conséquent devrait être supprimé.

§ 3. — Droit de séjour dans les stations sanitaires et lazarets.

Nous n'en dirons pas autant du droit de séjour dans les stations sanitaires et dans les lazarets. Ce sont des endroits

spécialement aménagés dans lesquels des soins sont donnés qui justifient entièrement le droit perçu comme rémunération de ces services.

§ 4. — Droit de désinfection.

Il en est de même du droit de désinfection, que celle-ci
s'applique au linge et aux effets, à la marchandise ou au
navire. Nous avons là, en ce qui concerne les désinfectants chimiques employé un exemple de paiement adé-
quat du service rendu. C'est, en effet, l'armateur lui-même
qui les fournit ou qui les paie au prix qu'ils ont coûté, s'ils
ont été fournis par le service sanitaire.

DEUXIEME PARTIE

DROITS LOCAUX

***

CHAPITRE PREMIER

PÉAGES LOCAUX.

Les péages locaux sont des droits perçus par des établissements publics, villes ou chambres de commerce, afin de
rembourser les frais qu'ils ont pu faire pour la construction ou l'amélioration des ports. Par leur nature même,
ils représentent donc bien le paiement d'un service rendu.
Ils ont sur les autres droits de ports et notamment sur les
droits d'État cet avantage considérable, qu'étant établis
par les villes ou les chambres de commerce, ils sont toujours fixés au taux le plus bas possible, les établissements
publics en question ayant un intérêt majeur à ne point
décourager les navires qui viennent visiter leurs ports. On
peut donc être à peu près sûr que d'une part, les travaux
de construction, d'amélioration ou d'aménagements de
toutes sortes ne seront entrepris qu'à bon escient et dans

la mesure où ils peuvent vraiment faciliter le développement du commerce maritime dans un port déterminé, et d'autre part, que les droits perçus pour le paiement des intérêts et l'amortissement du capital employé, seront la représentation aussi exacte que possible, de ce qui est indispensable au paiement de ces intérêts et à l'amortissement de ce capital.

A vrai dire, cependant, les choses ne se passent pas en réalité d'une façon aussi normale et aussi sage que nous venons de les exposer. Les ports, en effet, peuvent donner lieu à deux sortes de travaux : ceux qui concernent le port lui-même comme la construction ou le creusement de bassins, l'édification de quais etc. ; ceux au contraire, qui constituent en quelque sorte un accessoire au port comme les grues hydrauliques, les appareils de sauvetage etc., or, tandis que ceux-ci ne sont généralement payés que par les villes ou les chambres de commerce, ceux-là au contraire, sont généralement entrepris par les établissements publics avec la collaboration de l'État. Et l'on aperçoit immédiatement qu'une ville ou une chambre de commerce, sachant que l'État prend à ses frais une partie des travaux qu'elle entreprend, s'inquiète assez peu de savoir si le bénéfice retiré sera proportionnel au sacrifice consenti. Nous entendons bien que l'État devrait lui, ne point négliger de faire ce calcul : mais en réalité il ne le fait point, et ceux qui connaissent bien et ont vu fonctionner de près notre organisation politique n'en seront nullement étonnés. Tel petit port insignifiant et incapable d'une exten-

sion quelconque veut néanmoins construire des bassins et
des quais importants. On sait fort bien que les navires
n'iront pas plus le visiter après qu'avant, mais son député
est influent et fait observer que l'État a bien collaboré aux
travaux du grand port voisin. Il n'en faut pas davantage
et au nom d'une égalité absurde, l'État consent un sacrifice qui ne profitera à personne. Il a ainsi, en cédant aux
entraînements de la politique locale,gaspillé des centaines
de millions dans 75 petits ports qui peuvent être très
intéressants en eux-mêmes, mais ne répondent plus aux
exigences de la grande navigation. Il nous semble que
l'État a trop perdu de vue, en cette matière, qu'il a la
garde des intérêts généraux du pays et qu'il ne doit con-
sentir de sacrifices qui ne servent à ces intérêts.

SECTION I. — **Comment sont établis les péages locaux.**

L'article 4 de la loi du 10 mai 1866 était ainsi conçu :
« Des décrets impériaux rendus en la forme de règlements
d'administration publique pourront, en vue de subvenir
à des dépenses d'amélioration dans les ports établir un
droit de tonnage qui ne pourra excéder 2 fr. 50 par tonneau, décimes compris, et qui portera à la fois sur les navires français et étrangers. »
Ce texte fondamental révèle très clairement le caractère
du droit de tonnage : il est la rémunération d'un service
rendu et doit frapper également tous les pavillons. En

outre, le pouvoir réglementaire a toute latitude pour l'établir dans les limites d'un maximum strictement déterminé.

La matière est aujourd'hui régie par les paragraphes 5 et 6 de l'article 11 de la loi du 30 juin 1893, ainsi conçu :

« Les tarifs des péages institués conformément au présent article sur les péages similaires en vigueur, peuvent être modifiés avec ou sans condition dans les limites des maxima fixés par les décrets ou les lois qui les ont institués, sur les propositions des établissements publics au profit desquels ils sont perçus.

« Les tarifs modifiés ne peuvent entrer en vigueur qu'après avoir été portés à la connaissance du public pendant un mois par voie d'affiche, et lorsqu'ils ont été homologués par le ministre du commerce après avis des ministres des travaux publics et des finances. »

Par conséquent, lorsqu'une ville ou une chambre de commerce désire effectuer un travail, elle en demande l'autorisation au pouvoir central. Cette autorisation comme aussi celle de percevoir des taxes dans les limites d'un maximum sont accordées par une loi. Dès lors, les villes et chambres de commerce sont maîtresses absolues, dans les limites de ce maximum, d'établir et de modifier les tarifs comme elles le veulent. Cette autonomie dans un pays de centralisation et d'unité administrative poussées à l'excès mérite d'être signalée : sans doute, l'autorité supérieure est consultée dans les personnes des ministres des travaux publics et des finances, mais, si leur avis est obligatoire, ils ne peuvent modifier d'office un tarif : les corporations en sont maîtresses absolues. Cela explique la variété des combinaisons qui vont être étudiées, combinaisons dont

les unes ont été empruntées à l'étranger et dont d'autres
ont certainement guidé le législateur de 1897 pour l'établissement du droit de quai. Cette autonomie qui s'étend
même à tous les péages antérieurs, fussent-ils établis par
des lois, entraîne pour le pouvoir réglementaire l'emploi
à son gré de décrets ou d'arrêtés.

Quant au régime choisi, on peut regretter que les chambres de commerce soient maîtresses de le modifier sans en
avoir fait une expérience d'au moins quelque durée. Il en
résulte que la navigation qui se heurte déjà à une grande
variété de péages locaux tenant aux usages et aux organi-
sations différentes des ports, est exposée en outre, dans un
même port, à des variations assez fréquentes. Supposons par
exemple, un voilier parti de Bastia pour l'Extrême-Orient
en août 1894, et engagé avec un chargement de retour pour
ce port. L'armateur a calculé le fret de retour d'après le
tarif du 31 juillet 1894 en vertu duquel un péage de 0 fr. 30
est perçu sur le tonneau d'affrètement. Mais, dès le 6 septembre 1894, la chambre de commerce délibère sur la
modification à apporter à un péage qui n'a pas deux mois
d'existence. Le 18 décembre 1894, le ministre des finances donne par télégramme un avis conforme ; celui des
travaux publics fait de même le 21 février 1895 : le 28 mars
1895, on affiche le projet de modification pendant un mois.
Le 20 mai, la chambre de commerce prend une nouvelle
délibération pour confirmer sa résolution ; le 17 juin elle
écrit au ministre du commerce en ce sens, et le 26 juin
1895, celui-ci arrête que la tonne métrique sera substi-

tuée au tonneau d'affrètement pour la perception du droit de tonnage de 0 fr. 30 établi le 31 juillet 1894. Le long-courrier arrive, et tous les calculs de son armateur peuvent se trouver détruits par une modification imprévue. Il faut même remarquer que dans l'espèce, l'administration a agi avec une promptitude relative que l'on souhaite souvent en vain dans d'autres circonstances.

Cette mobilité de tarifs ne se retrouve pas partout au même degré : cependant, les modifications sont fréquentes. Ainsi, le pouvoir réglementaire est intervenu pour les ports de Cherbourg et de Fécamp, cinq fois de 1880 à 1890 ; pour celui de Dieppe, sept fois de 1874 à 1890. Il faut ajouter cependant, que ces modifications ont été favorables au commerce qui a obtenu depuis une vingtaine d'années de grandes réductions de péages locaux.

SECTION II. — **Des différents péages locaux et des circons-tances qui influent sur leur établissement.**

Comme les besoins qui les font naître, les péages locaux sont très divers. Cette diversité est encore accrue de la différence de situation dans laquelle peuvent se trouver les ports qui les établissent.

Ainsi, par exemple, une chambre de commerce a contracté un emprunt pour la construction d'un bassin et elle a établi de ce chef un péage de 10 centimes par tonneau de jauge, sur tous les navires entrant dans son port. La nécessité se fait sentir quelque temps après de construire un quai :

elle contracte un nouvel emprunt et doit établir une nouvelle taxe. Elle pourrait par exemple frapper de nouveau les navires sur leur jauge, mais d'après le nombre de tonneaux d'affrètement de marchandises embarquées ou débarquées. Or, il se trouve que son port doit en grande partie son importance à la navigation d'escale qui s'y fait, et qu'il y aurait imprudence à gêner en quoi que ce soit ce genre de navigation : elle cherchera donc ailleurs les ressources nouvelles dont elle a besoin, dans une taxe sur les passagers, dans un droit de séjour ou autres. Le grand avantage de la liberté accordée aux villes et aux chambres de commerce tient donc, en grande partie, à ce qu'elles peuvent établir les droits de telle ou telle façon, selon la situation économique et les besoins du port qu'elles administrent.

. Les principales taxes locales établies par les villes ou les chambres de commerce sont au nombre de neuf (1) :

1° Le droit de tonnage ;
2° Le droit de péage ;
3° La taxe sur les passagers ;
4° Le droit de port ;
5° Le droit de sauvetage ;
6° La taxe de séjour ;
7° Le droit de ville ;
8° Le droit d'ancrage ;
9° Le droit d'outillage.

Généralement ces noms différents cachent des droits analogues. Ainsi, les droits de tonnage, de péage, de port, de

(1) Ce nombre et les noms que portent ces droits pourraient être très différents, puisque rien n'empêche les chambres de commerce ou les villes de les varier indéfiniment.

ville, d'ancrage et d'outillage sont en réalité, une seule et même nature de droits, perçus habituellement sur la jauge des navires mais ayant pris un nom différent soit par hasard et au gré du bon plaisir de la chambre de commerce ou de la ville qui l'a institué, soit pour n'avoir point l'air de faire double emploi avec un droit analogue existant déjà.

Par contre, la taxe sur les passagers, le droit de sauvetage et la taxe de séjour correspondent à quelque chose de précis.

La taxe sur les passagers est, comme l'indique son nom, un droit perçu dans certains ports sur les passagers embarqués et débarqués.

Le droit de sauvetage, qui n'est pas prévu dans la loi de 1893, est affecté à l'entretien des appareils de sauvetage.

Le droit de séjour est perçu sur les navires qui restent en désarmement dans certains ports pendant un temps prolongé. On leur accorde généralement un certain délai au delà duquel ils doivent acquitter le droit.

Il nous reste à examiner maintenant les combinaisons variées dont nous parlions plus haut et qui sont aussi diverses que les taxes elles-mêmes. Celles-ci varient en effet, selon la nature du navire, selon leur tonnage, et selon qu'ils appartiennent ou non à des lignes régulières : selon leur provenance ou leur destination, selon qu'ils font ou non la cueillette, selon la nature ou l'importance du chargement, selon que le navire a ou non acquitté une autre taxe de même nature dans un autre port, etc., etc.

1. — Nature du navire.

A. — Les ports qui embarquent de nombreux voyageurs, comme Calais, Dieppe, St-Malo etc., font en général des réductions aux paquebots à passagers. A St-Malo, par exemple, ils ne paient qu'un tiers de la taxe, 0 fr. 10 par tonneau de jauge au lieu de 0 fr. 30 (D. 14 août 1887); à Arzew, le paquebot à passagers paie 0 fr.07 par tonneau de jauge au lieu de 0 fr. 35 (D. 26 janvier 1892).

B. — Le propulseur du navire influe aussi sur la taxe : ainsi, à St-Malo le voilier paie 0 fr. 25 par tonneau de jauge et le vapeur 0 fr. 30.

§ 2. — Tonnage des navires.

La navigation utile ne se fait plus guère aujourd'hui que par de forts navires ; il y a donc intérêt à pousser les armateurs à leur emploi. Dans ce but, la chambre de commerce de Boulogne-sur-Mer a établi un péage à tarif décroissant par tonneaux de jauge ; le navire de ligne régulière mensuelle au moins, s'il embarque ou débarque plus de 1/10 de sa jauge légale en tonneaux d'affrètement, paie selon son tonnage les taxes suivantes :

0 fr. 60 par tonneau de jauge jusqu'à 1.200 tonneaux de jauge légale						
0 fr. 25	—	de 1.201	à	1.500	—	—
0 fr. 20	—	de 1.501	à	2.000	—	—
0 fr. 15	—	de 2.001	à	2.500	—	—
0 fr. 10	au delà	de 2.001	à	2.501	—	—

Les armateurs ont donc intérêt à faire naviguer de

gros navires pour la visite du port de Boulogne, et par un effet réflexe, le gouvernement comme la chambre de commerce évitent les pertes que leur font subir le petits navires à spardecks coupés, car l'armateur s'il a de grosses réductions gagne à déclarer le vrai tonnage utile de son navire.

§ 3. — Lignes régulières.

D'une façon générale, les ports font des avantages aux lignes qui les visitent régulièrement. Les décrets expliquent ce que chacun d'eux entend par là. La ligne régulière est ordinairement celle qui fait des voyages mensuels (Boulogne, D. du 9 janvier 1896). La réduction peut alors aller jusqu'à 50 0/0 (0 fr. 15 au lieu de 0 fr. 30 par t. j. Cherbourg, D. 2 décembre 1896). A Fécamp, le navire au lieu de 0 fr. 70, par tonneau de jauge, ne paie que 0 fr. 45, s'il appartient à une ligne mensuelle et 0 fr. 25 s'il appartient à une ligne hebdomadaire.

Au Havre, une réduction de 30 0/0 est accordée aux navires des lignes mensuelles et une réduction de 40 0/0 aux lignes hebdomadaires.

§ 4. — Provenance ou destination du navire.

De nombreuses réductions de taxes ont pour but de favoriser certaines navigations déterminées.

A. — Le cabotage français jouit à Marseille de l'exemption du droit de 0 fr. 06 établi sur la jauge légale par le décret du 5 mars 1894.

B. — Le cabotage Tunisien et Algérien est également favorisé :

A Bizerte, il n'est frappé que de 0 fr. 25 par tonne au lieu de 0 fr. 50 (D. 11 mai 1890). A Alger, il y a une exemption du péage (D. du 12 octobre 1895).

C. — Le cabotage international trouve des avantages à Caen et à Cherbourg. A Caen, la tonne métrique de marchandise acquitte un péage de 0 fr. 20 au lieu de 0 fr. 30, et le tonneau de jauge un droit de 0 fr. 15 au lieu de 0 fr. 25, A Cherbourg, les navires étrangers de moins de 100 tonneaux de jauge paient 0 fr. 15 par tonneau de jauge au lieu de 0 fr. 30.

D. — La navigation d'Europe et de la Méditerranée est avantagée par le port du Havre : elle est taxée d'un péage de 0 fr. 30 au lieu de 0 fr. 40 par tonneau de jauge.

E. — La navigation d'escale pour la cueillette est encouragée par le port de Cherbourg. Le décret du 2 décembre 1896 réduit de 50 0/0 le péage local en faveur du navire qui venant d'un port où il a déjà acquitté un péage, fait escale pour embarquer ou débarquer des marchandises en destination ou provenance de l'étranger ou des colonies françaises (Décret du 2 décembre 1896 : = 0 fr. 15 au lieu de 0 fr. 30 par t. j).

F. — Cette navigation entre la France et ses colonies ou l'étranger, a préoccupé également la chambre de commerce de Dunkerque, car elle lui accorde sur le péage local des réductions de 60, 40 et 20 0/0.

G. — Le développement du long-cours a été recherché

entre autres, par les ports de Cherbourg, de St-Nazaire et de Nantes.

Le premier, réduit en sa faveur le péage de 50 0/0 (0 fr. 15 au lieu de 0 fr. 30, D. 2 décembre 1896). Les deux autres favorisent la même navigation par un tarif décroissant et même après un certain nombre de voyages par l'exemption complète dont ils sont en ce cas plus avares pour la navigation d'escale et de la Méditerranée (Loi du 28 mars 1889). Or il est certain qu'un navire à vapeur ou à voiles, qui ira d'un de ces ports à la mer Noire, mettra autant de temps que pour l'Amérique du Nord ou les Antilles. Le péage local révèle ici tout son caractère : il est créé par des négociants ayant l'habitude d'une navigation détermi-née et la favorisant tout naturellement. Dans le même or-dre d'idées, la faveur accordée aux voiliers par ces deux ports, faveur que nous avons déjà signalée, répond à des habitudes locales.

H. — A Sfax, la réduction de 50 0/0 sur le péage (D. 15 avril 1897) a pour but de favoriser les réexportations de marchandises étrangères : elles subissent par tonne métrique, un péage de 2 francs au lieu de 4 francs, si on ne les débarque que pour les réembarquer.

I.— La protection à la navigation avec les ports français sous quelque pavillon qu'elle se fasse, nous apparaît dans le droit de phare et de reconnaissance établi au port de Bizerte par le décret du 22 juillet 1885. Il ne frappe que le navire venant de l'étranger. Il est de 0 fr. 18 par ton-neau de jauge avec un minimum de 45 francs et un maxi-mum de 95 francs.

§ 5. — Réduction en faveur de la cueillette.

L'idée de pousser les navires à la visite de nos ports afin d'y compléter leurs chargements, devait fatalement préoccuper les chambres de commerce des villes maritimes qui se trouvent sur la route naturelle des bâtiments venant de l'étranger. Elle s'est révélée dans la constitution d'un certain nombre de péages, par exemple ceux de Fécamp, Dieppe, Rouen et Cherbourg (D. du 27 juillet 1888 ; L. du 19 mars 1895 ; D. du 30 mai 1896 ; D. du 2 décembre 1896). Le pouvoir réglementaire et la loi elle-même avaient donc consacré ce principe, dont profite surtout la marine marchande étrangère.

La réduction varie du 1/3 à la 1/2 du droit. Parfois elle est accordée, quelle que soit la quantité de marchandise débarquée ou embarquée, comme à Cherbourg, mais seulement si le navire vient d'un port où il a déjà payé une taxe et s'il se rend à l'étranger ou aux colonies. D'autres fois, on exige que la quantité de cette marchandise soit dans un rapport déterminé avec la jauge légale du navire, comme par exemple à Fécamp, et cette quantité est alors exprimée en tonnes métriques.

§ 6. — La marchandise.

La marchandise elle-même peut faire varier le péage :

a) Selon sa nature seule ;

b) Selon sa nature, quand elle représente une quantité déterminée ;

c) Selon sa nature et sa quantité, quand elle est d'une provenance déterminée.

d) Selon ces divers éléments quand elle est importée par une ligne régulière ou non.

a) Les ports d'Alger et de Tunis n'envisagent pour les exemptions que la nature des marchandises. Elles portent, à Alger, sur les matières premières : houilles, matériaux, marchandises valant moins de 50 francs les 1.000 kilogs tant à l'entrée qu'à la sortie (D. 12 sept. 1895) : de même, les charbons et vivres destinés au ravitaillement du navire ne subissent pas le péage de 0 fr. 20 par tonne métrique.

A Tunis, le décret du 2 mars 1897 exempte également les produits de même nature et, en outre, les fûts et emballages vides.

b) Au Havre (Arrêtés minist. 22 mars et 11 oct. 1895) il y a trois tarifs basés sur le tonneau de jauge, de 0 fr. 40, 0 fr. 30 et 0 fr. 20. Ils sont combinés de façon à favoriser les chargements complets de matières premières destinées à notre industrie; le tarif 0 fr. 20 tient compte de l'importance seule du chargement, sans souci de la provenance. Il s'applique aux chargements complets de céréales, bois du Nord, etc.

c) Les tarifs du Havre, de 0 fr. 40 et 0 fr. 30 par tonneau de jauge, comportent une réduction de 30 0/0 si la quantité de marchandises embarquées ou débarquées, ou même transbordées est moindre en tonneaux d'affrètement, que les 2/3 de la jauge légale ; mais, ils tiennent compte de la provenance. Le tarif de 0 fr. 40 s'applique aux marchandises venant hors d'Europe ou de la Méditerranée, celui de 0 fr. 30 aux provenances d'Europe ou de la Méditerranée. La faculté donnée au transbordement favorise les importations destinées à d'autres ports moins importants et incapables de recevoir des bateaux de fort tonnage.

A Fécamp, nous retrouvons les mêmes éléments dans la fixation du péage (D. 23 avril 1889, 30 mars1896). Pour le long-cours et la Méditerranée, le taux est de 0 fr. 70 par tonneau de jauge, la grande pêche jouit seule d'un tarif d'abonnement à raison de 1 franc par tonneau de jauge. S'il s'agit de provenance d'un port étranger d'Europe ou de la Méditerranée et que les 9/10 du chargement se composent de houille, silex, marne, coke, argile, le tarif est diminué à 0 fr. 65 par tonneau de jauge. De tout port français d'Algérie ou de la Méditerranée, les provenances sont taxées seulement à 0 fr. 20 par tonneau de jauge. Fécamp favorise donc le cabotage international et la navigation des ports français de la Méditerranée et de l'Algérie plus que celle de l'Atlantique et de la Manche.

Au port de Nantes, les charbons, minerais, etc., en provenance d'Europe ou de la Méditerranée acquittent un droit de 0 fr. 15 au lieu de 0 fr. 35 s'ils représentent les 4/5 du chargement ; les marchandises ordinaires de même provenance et en égale quantité acquittent un droit de 0 fr. 25 au lieu de 0 fr. 35 (D. 25 septembre 1893 ; L. 28 mai 1889).

D'une façon générale, les réductions sur les péages sont

opérées d'après la quantité de marchandises embarquées ou débarquées, mais, tandis qu'en dehors de l'Algérie la base de perception est d'une façon à peu près universelle le tonneau de jauge légale, pour opérer des réductions, les chambres de commerce comparent avec cette jauge la quantité de marchandises et leur rapport s'établit tantôt au moyen du tonneau d'affrètement, tantôt au moyen de la tonne métrique, tantôt avec l'une ou l'autre au choix de la partie intéressée.

Le tonneau d'affrètement sert d'unité de compte à Dieppe, Calais, Boulogne, Duclair, Le Havre, Arzew, etc.

La tonne métrique remplit le même rôle à Fécamp, à Marseille à qui la loi sur le droit de quai l'a empruntée, et dans la plupart de nos ports d'Afrique : Bône, Bougie, Mostaganem, etc. Dans ce dernier port, il nous faut signaler une combinaison à peu près unique (D. 1er décembre 1897). Si la quantité de marchandises embarquées ou débarquées, calculée en tonnes métriques, est inférieure au chiffre de la jauge légale, on perçoit 1 franc multiplié par le rapport entre la quantité de tonnes métriques et le tonnage légal.

Bizerte nous offre l'exemple de la base de perception la plus conforme à la nature des choses. Le décret du 11 mars 1890 donne à MM. Couvreux et Hersent les concessionnaires du port, le droit de choisir la tonne métrique ou le tonneau d'affrètement comme assiette de la taxe.

d) Deux tarifs havrais de 0 fr. 40 et 0 fr. 30 par tonneau

de jauge pour une quantité de matières premières égale au 9/10 du chargement, sont diminués de 40 0/0 si elles sont apportées par une ligne hebdomadaire et de 30 0/0 si la ligne n'est que mensuelle.

§ 7. — Le péage local.

Le péage local a lui-même une influence sur la perception d'un autre droit de même nature.

Ainsi, le décret du 26 août 1890 réduit de 50 0/0 le péage de 0 fr. 70 par tonneau de jauge établi à Dunkerque par la loi du 1er septembre 1884, lorsque le navire provient d'un port français ou de la Méditerranée où il a déjà acquitté un péage. La même idée, si favorable à la cueillette a été reprise par le législateur de 1897.

SECTION III. — Dispositions diverses.

Nous avons déjà cité le décret du 22 juillet 1895 fixant un maximum au droit de phare et de balise perçu à Bizerte. Dans d'autres places, les nombreuses modifications imposées par les circonstances économiques ne pouvant pas toujours répondre aux besoins d'une navigation déterminée, les chambres de commerce ont laissé aux navires le choix entre le régime ancien et le régime nouveau. Il en est ainsi à Dieppe et à Dunkerque (Arrêté min. 13 avril 1896, arr. 14 mai 1895). Cette option corrige les inconvénients d'une trop grande variabilité dans la tarification.

Parfois, le tarif est décroissant d'après le nombre des voyages, par exemple, à St-Nazaire et à Nantes. Le steamer paie dans la même année moins cher à son 3e voyage et rien à partir du 4e, et le voilier ne doit le péage que pour les deux premiers voyages, quand il s'agit de la navigation hors d'Europe ou de la Méditerranée ; pour la navigation d'Europe ou de la Méditerranée, le vapeur et le voilier sont soumis au péage pendant leurs 20 premiers voyages au cours de la même année, ce qui pour la Méditerranée réduit ou annule en fait la faveur. A Marseille, le péage de 0 fr. 06 par tonneau de jauge sur tout navire entrant chargé n'est jamais acquitté plus de trois fois dans l'année (D. 5 mars 1894).

Droits de tonnage.

(Décrets des 1er septembre 1884, 22 septembre 1888, 25 avril 1890,
arrêté du 14 mai 1895).

Tout navire français ou étranger entrant chargé ou venant prendre charge, acquitte :

Au profit de la ville, par tonneau de jauge. . 0 fr. 54

Au profit de la Chambre de commerce . . . 0 fr. 16

Total. . . . . 0 fr. 70

Navire *faisant escale dans un port français* de l'Océan ou de la Manche, dans lequel il aura acquitté une taxe locale de tonnage, et provenant de l'étranger ou des colonies françaises ou d'un port français de la Méditerranée. . . . . 0 fr. 35

Navire *faisant escale à Dunkerque* quel que soit le port d'origine ou de destination, lorsque la quantité de marchandises embarquées ou débarquées est, relativement à la jauge nette du navire :

Inférieure au quart . . . . . (réduc. 60 0/0) 0 fr. 28

Supérieure au quart, mais inférieure à la moitié . . . .   «   40 0/0) 0 fr. 42

Supérieure à la moitié, mais inférieure aux trois quarts . . .   «   20 0/0) 0 fr. 56

Sont exempts :

Les navires français faisant le petit cabotage ou la pêche fluviale.

Les bâtiments armés à là grande et à la petite pêche.

Le matériel naval de l'Etat.

Droit d'outillage.
(Décret du 22 septembre 1888).

Tout navire français ou étranger entrant dans
le port, par tonneau de jauge nette . . . . 0 fr. 10

Navire *faisant escale à Dunkerque*, quel que soit le port
d'origine ou de destination, lorsque la quantité de marchandises débarquées ou embarquées est, relativement à
la jauge nette du navire :

Inférieure au 1/4 . . . . (réduc. 60 0/0) 0 fr. 04

Supérieure au 1/4, mais infé-
rieure à la 1/2. . . . .   «   40 0/0) 0 fr. 06

Supérieure à la 1/2, mais infé-
rieure au 3/4 . . . .   «   20 0/0) 0 fr. 08

Sont exempts :

Les navires appartenant à l'État ou employés à son service.

Les navires affectés au pilotage.

Les yachts et embarcations de plaisance.

Les bâtiments naviguant au bornage ou faisant la pêche
côtière.

Les bateaux de navigation intérieure.

Tout navire de moins de 100 tonneaux de jauge nette légale, faisant exclusivement une opération de cabotage entre Dunkerque et un port français de la mer du Nord, de la Manche et de l'Océan.

Tout navire en relâche et tout navire sur lest, ne faisant aucune opération de commerce.

Calais.

Droit de tonnage.

(Loi du 4 septembre 1888, arrêté ministériel du 4 mars 1895, décrets des 4 décembre 1895, 15 juin et 29 septembre 1896).

Tout navire français ou étranger *entrant chargé* ou venant *prendre charge* doit :

		Par tonneau de jauge
Navire ayant débarqué et embarqué une quantité de marchandise évaluée en tonneaux d'affrètement relativement à la jauge légale du navire :	Dépassant le 1/10 affecté ou non à un service de voyageurs . . .	0 fr. 15
	Inférieure au 1/10 et affecté à un service de voyageurs	0 fr. 06
Navires *faisant escale à Calais* en provenance ou à destination d'un *port français* avec un chargement *de* ou *pour l'étranger.* Si l'opération totale de débarquement et d'embarquement exprimée en tonneaux d'affrètement est relativement à la jauge nette légale du navire :	Inférieure à la 1/2	0 fr. 037
	Supérieure à la 1/2 mais inférieure aux 3/4 . .	0 fr. 075

Navires faisant escale à Calais, quels que soient le port d'origine et de destination. Si la quantité de marchandises embarquées « ou » débarquées, exprimée en tonneaux d'affrètement est relativement à la jauge nette du navire.

Inférieure au 1/4 — 0 fr. 06

Supérieure au 1/4 mais inférieure à la 1/2. . . . . . — 0 fr. 09

Supérieure à la 1/2 mais inférieure aux 3/4. . . . — 0 fr. 12

Sont exempts :

Les navires appartenant à l'État ou à son service ;

Les navires ne faisant qu'une opération de cabotage (les ports de la Méditerranée exceptés ;

Les navires affectés au pilotage et au remorquage ;

Les navires naviguant au bornage ou faisant la pêche côtière ou la navigation intérieure ;

Les navires en relâche forcée quand ils ne font aucune opération de commerce.

Les paquebots effectuant un service postal subventionné obligatoire.

Droit d'outillage.

(Décrets des 3 octobre 1883 et 4 mars 1895).

Par tonneau de jauge

Tout navire français ou étranger entrant chargé ou venant de prendre charge. . . . . . — 0 fr. 30

Navires *affectés au transport des voyageurs* alors même qu'ils auraient des marchandises à bord, pourvu que la quantité de marchandises exprimée en tonneaux d'affrètement ne dépasse pas le 1/10 de leur jauge légale . . . .   0 fr. 04

Navires *faisant escale à Calais*, quel que soit leur port d'origine ou de destination.

Si la quantité de marchandises *embarquées* ou *débarquées* exprimée en tonneaux d'affrètement est, relativement à la jauge du navire :

Inférieure au 1/4 . . . .   0 fr. 12

Supérieure au 1/4 et inférieure à la 1/2. . .   0 » 18

Supérieure à la 1/2, mais inférieure aux 3/4.   0 » 24

Sont exempts :

Les navires faisant le cabotage national ;

Les bateaux pilotes, ceux employés à la pêche côtière et au remorquage. Les bâtiments de l'État ou employés à son service.

Taxes sur les voyageurs.

(Loi du 4 décembre 1888 ; décret du 6 août 1890 ; arrêtés ministériels des 31 mai 1895, 29 septembre et 17 novembre 1896).

Par voyageur embarqué ou débarqué. . . .   1 fr. 75

Par voyageur excursionniste. . . . .   0 fr. 875

Par voyageur excursionniste porteur d'un billet d'aller et retour valable pour un jour et voyageant par paquebots spéciaux, ou par voyageur excursionniste porteur de billet d'aller et retour valable pour 2 jours au plus et retournant par un navire de la même Compagnie que celui qui l'a amené,	
Jusqu'à 300. . .	0 fr. 875
de 300 à 400. . .	0 » 75
401 à 500. . .	0 » 625
501 à 600. . .	0 » 50
601 à 700. . .	0 » 325
Au-dessus de 700. . .	0 » 25

Est exempt de tout droit tout passager embarqué ou débarqué à Calais par navire de mer affecté à un service de voyageurs et muni d'un billet direct en provenance ou à destination de la Belgique, de la Hollande, de l'Allemagne et des au delà.

Boulogne.

Droit de péage.

(Loi du 4 décembre 1888, décrets des 9 juillet 1889, 6 août 1890, arrêté ministériel du 19 octobre 1894).

Tout navire français ou étranger faisant des opérations commerciales :

Par tonneau
de jauge.

Tout navire *affecté ou non* à un *service de voya- geurs* et *non employé* à un *service régulier* ayant au moins un voyage par mois, à jour fixe, dont les opérations totales de marchandises, évaluées en tonneaux d'affrètement *dépassent le dixième* de la jauge nette navire. . . . . 0 fr. 60

Tout navire *affecté à un service de voyageurs* et dont les opérations totales de marchandises ne *dépassent pas le dixième* de la jauge nette du navire . . . . 0 fr. 10

Tout navire *affecté ou non* à *un service de voya- geurs*, dont les opérations totales de marchandises évaluées en tonneaux d'af- frètement *dépassent le dixième* de la jauge nette du navire.

Employé à un service régulier ayant au moins un départ à jour fixe.

	Par mois	Par semaine
	par tonneau de jauge légale	
de 1 à 1200 tx	0,60	0,45
1201 à 1500 tx	0,25	0,25
1501 à 2000 tx	0,20	0,20
2001 à 2500 tx	0,15	0,15
Au-dessus de 2500 tx	0,10	0,10

Taxes sur les voyageurs.

(Arrêtés ministériels des 12 juillet 1894, 19 octobre 1894, 24 juillet 1896, 9 novembre 1897).

Par voyageur ordinaire débarqué ou embar-
qué. . . . . 1 fr. 75

    Par émigrant . . . . 0 » 50

	Jusqu'à 300.	0 fr. 875
	de 301 à 400.	0 » 75
Par voyageur dit	» 401 à 500.	0 » 625
excursionniste :	» 501 à 600.	0 » 50
	» 601 à 700.	0 » 325
	Au-dessus de 700	0 » 25

tant à l'arrivée qu'au départ, qu'il y ait eu ou
non débarquement.

Par voyageur de 3ᵉ classe . . . . 1 fr. »

Les voyageurs munis de billets directs en provenance
ou en destination de la Belgique, de la Hollande et des au
delà sont exempts du droit de 1 fr. 75.

Dieppe.

Droit de tonnage.

(Décrets des 14 novembre 1874, 22 octobre 1880, 21 août 1884 ; lois des 3 septembre 1884, 10 mars 1885 ; décrets des 27 juillet 1888, 25 septembre 1893, 12 septembre 1893, 13 avril 1896).

Par tonneau
de jauge.

Tout navire entrant, venant de la grande pêche, des colonies ou de l'étranger, paie. . . . . 0 fr. 50

Le navire ayant fait ou devant faire escale dans un autre port français où est établi un droit local de tonnage. . . . . 0 fr. 15

Navires *faisant escale* quels que soient leur port d'origine ou de destination. — Si la quantité de marchandises débarquées ou embarquées, exprimée en tonneaux d'affrètement, ne dépasse pas, de la jauge nette légale :

le 1/4 (60 0/0) 0 fr. 12
la 1/2 (40 0/0) 0 » 18
les 3/4 (20 0/0) 0 » 24

Sont exempts : les navires en simple relâche ne faisant aucune opération de commerce.

Quant aux navires venant de l'étranger, des colonies ou de la grande pêche, on leur applique la taxe qui leur est le plus favorable,

Droit de péage.

(Décrets du 19 février 1890 et du 13 avril 1896).

Il est perçu un droit de péage, par tonneau
de jauge de. . . . .   0 fr. 04

Navires *faisant escale*, quels
que soient leur port d'origine et
de destination. — Si la quantité   le 1/4 (60 0/0) 0 fr. 016
de marchandises débarquées ou   la 1/2 (40 0/0) 0 » 024
embarquées, exprimée en ton-   les 3/4 (20 0/0) 0 » 032
neaux d'affrètement, ne dépasse
pas de la jauge nette légale :

Sont exempts : les navires en relâche forcée ne faisant
pas d'opération de commerce.

Taxe sur les voyageurs.

(Loi du 3 septembre 1884 ; arrêté ministériel du 25 janvier 1896).

Par voyageur embarqué ou débarqué . . . .   1 fr.
    —   excursionniste . . . .   0 » 50

Droit de péage.

(Arrêté ministériel du 22 mars 1895).

Par tonneau
de jauge.

Tout navire *venant* de, ou *allant* à :

Long-cours. . . . . 0 fr. 40

Cabotage international et ports étrangers de
la Méditerranée. . . . . 0 fr. 30

Navires de toute provenance ou destination
dont le chargement est composé, les 9/10 ou
plus de *céréales* (froment, orge, avoine, maïs,
seigle), *bois de sapin, engrais, houille, minerai
de fer, glace, goudron minéral* . . . . 0 fr. 20

Ce droit est réduit :

De 40 0/0 pour les navires de
ligne régulière (1) hebdomadaire.

> Long-cours . 0 fr. 24
> Cabotage in-
> ternational. 0 fr. 18

De 30 0/0 pour les navires de
ligne régulière mensuelle. . . .

> Long-cours . 0 fr. 28
> Cabotage in-
> ternational. 0 fr. 21

(1) Sont considérées comme lignes régulières, les lignes ayant au
moins six mois d'existence.

De 30 0/0 pour tout navire dont *les opérations commerciales totales* sont inférieures en tonneaux d'affrètement aux 2/3 de sa jauge nette	Long-cours . 0 fr. 28 Cabotage international. 0 fr. 21
Du 1/3 pour tout navire se bornant à alléger	Long-cours . 0 fr. 133 Cabotage international. 0 fr. 10 Chargement spécial. . . 0 fr. 066

Sont exempts :

Tout navire ne faisant pas d'*opérations commerciales* dans l'*enceinte du port*.

Les navires français caboteurs (Algérie comprise).

Les remorqueurs, même s'ils remorquent un navire.

Droit de sauvetage.

(Loi du 9 avril 1895).

	Par tonneau de jauge.
Tout navire de toute provenance ou destination (cabotage national excepté)	0 fr. 05
Tout navire allant à, ou venant d'un port français de la Méditerranée.	0 fr. 025

Sont exempts :

Les navires français caboteurs.

Les navires qui effectuent leurs opérations de commerce en dehors du port.

Taxe sur les passagers.

(Arrêtés ministériels du 22 mars 1895 et du 11 octobre 1895).

Par passager venant de, ou allant à :

		Par tonneau de jauge.
Long-cours	1re et 2e classes	5 fr.
	3e classe	2 fr.
	Émigrant.	0 fr. 50
Ailleurs que long-cours (cabotage national excepté)	1re, 2e et 3e classes. . .	1 fr.
	Émigrant.	0 fr. 50

Il n'est perçu pour les enfants que la *moitié* ou le *quart* de ces taxes quand des réductions semblables sont accordées par les Compagnies.

Il n'est perçu aucune taxe pour les enfants au dessous de *trois ans*, transportés gratuitement.

Sont exempts :

Les passagers voyageant entre ports français.

Taxe de séjour.

(Arrêté ministériel du 22 mars 1895).

Il est appliqué une taxe de séjour à tout navire *venant de*, ou *allant* à l'*étranger* ayant séjourné dans le port plus de *deux mois*.

Par tonneau de jauge nette et par semaine ou fraction de semaine de séjour en plus de deux mois. . . . . 0 fr. 05

Sont exempts :

Les navires caboteurs (Algérie comprise).

Droit de tonnage.

(Loi du 19 mars 1895).

Par tonneau de
jauge nette.

Tout navire venant de l'étranger ou des possessions françaises autres que l'Algérie, ayant remonté la Seine au delà de la longitude de Fatouville. . . . .   0 fr. 55

Tout navire arrivant dans un des ports de la Seine au delà de la longitude de Fatouville, venant de, ou allant à un port français où existent des péages locaux, avec chargement de ou pour un pays étranger (Demi-tarif.) . . .   0 fr. 275

Tout navire ayant déchargé dans un port français où existent des péages locaux, avant d'entrer dans la Seine (tarif réduit de 1/3.). .   0 fr. 366

Droit d'outillage.

(Décret du 15 janvier 1886).

La taxe est prélevée comme ci-dessus avec les tarifs suivants :

Plein tarif . . . .   0 fr. 15

Demi-tarif . . . .   0 fr. 075

Tarif réduit de 1/3. . . . .   0 fr. 10

Les navires chargés en charbon jusqu'aux 9/10 sont exempts de cette taxe.

Droit de sauvetage.

(Loi du 3 mai 1810).

Tout navire entrant en Seine et dépassant Quillebeuf.

Par tonneau
de jauge.

Venant de, ou allant à un port français de 'Océan . . . .   0 fr. 03

Venant de, ou allant à un port étranger de l'Océan ou de la Méditerranée . . . .   0 fr. 05

Venant de, ou allant au long-cours. . . . .   0 fr. 10

Navires étrangers appartenant aux nations qui n'ont pas de traité de commerce avec la France.   0 fr. 15

La taxe n'est payée qu'à l'entrée : cependant, si un navire n'a payé à l'entrée qu'une taxe inférieure à celle qu'on pourrait lui réclamer en considération de sa destination il doit payer un supplément jusqu'à concurrence du maximum dû en raison de cette destination.

20 0/0 en plus au profit de l'État.

Taxe de séjour.

(Décret du 19 janvier 1886).

Tout navire ayant séjourné pendant plus de deux mois entre la longitude de Fatouville et les limites du port de Rouen en amont de la ville :

Par semaine ou fraction de semaine et par tonne de jauge nette. . . . .   0 fr. 05

Exemptions.

Les navires suivants sont exempts de tous les droits ci-dessus :

Navires appartenant à ou au service de l'État.

Navires en Seine exclusivement affectés au cabotage entre ports français.

Navires affectés au pilotage et au service du remorquage.

Navires trafiquant dans le voisinage, pêchant sur les côtes ou employés à la navigation intérieure.

Navires en relâche forcée.

Navires qui ne font aucune opération commerciale en Seine.

Les navires venant de l'Algérie à Rouen et ceux arrivant sur lest pour prendre chargement à destination de l'Algérie sont exempts des *droits de tonnage seulement.*

Droit de ville.

(Loi du 29 décembre 1896).

Par tonneau de
jauge nette.

Tout navire ou bateau faisant des opérations
commerciales à Rouen . . . . 0 fr. 15

Exemptions.

Navires arrivant et partant sur lest.
Navires appartenant à ou au service de l'Etat.
Navires pêcheurs.

Navires affectés au pilotage et au service du remorquage.

Navires faisant le commerce dans les limites comprises entre Rouen et les petits ports de la Seine jusqu'à Berville.

Navires affectés au service des passagers.

Navires faisant le commerce à l'intérieur.

Honfleur.

Droit de tonnage.

(Loi du 26 juillet 1873. — Décret du 15 septembre 1888).

Par tonneau
de jauge.

Tout navire venant de la grande pêche, des colonies françaises ou de l'étranger, paie . . .   0 fr. 30

Droit d'outillage.

Tout navire entrant dans le port paie . . . .   0 fr. 15

Sont exempts :

Les navires en simple relâche ne faisant aucune opération commerciale

Les navires à vapeur faisant un service régulier et employés principalement au transport des voyageurs.

Droit de sauvetage.

(Décret du 12 août 1857).

Tout navire entrant dans le port, paie. . . .   0 fr. 05

Navires venant en cabtage des ports français de l'Océan, situés au delà de Cherbourg et d'Abbeville . . . .   0 fr. 02

Sont exempts :

Les navires en simple relâche lorsqu'ils ne font aucune opération commerciale.

Les navires français de 40 tonneaux et au-dessous faisant la navigation avec les ports français de l'Océan situés au delà de Cherbourg et d'Abbeville.

Les navires français faisant le cabotage avec les ports français situés entre Cherbourg et Abbeville.

Droit de tonnage.

(Loi du 28 mars 1889).

Par tonneau
de jauge.

	Par tonneau de jauge.
Tout *navire à vapeur*, en provenance d'un port extra-européen et hors les mers méditerranéennes.	Chacun des deux premiers voyages effectués dans la même année, du 1er janv. au 31 déc. . . 0 fr. 50 Pour le 3e voyage. . 0 fr. 25 Pour chaque voyage en sus. . . . . Néant
Tout *navire à voiles* en provenance d'un port hors d'Europe et hors les mers méditerranéennes.	Chacun des 2 premiers voyages effectués dans la même année, du 1er janv. au 31 déc. . . 0 fr. 50 Pour chaque voyage en sus. . . . . . . Néant
Tout *navire à vapeur ou à voiles* en provenance d'un port d'Europe ou situé sur les mers méditerranéennes.	Chacun des 20 premiers voyages effectués dans la même année, du 1er janv. au 31 déc. . . 0 fr. 50 Chaque voyage en sus . . . . Néant

Tout navire déjà taxé dans une des deux zones maritimes de la Loire ne paiera que :

Si la quantité de marchandises embarquées et débarquées exprimée en tonneaux d'affrètement est égale ou inférieure :

A   1/2 de la jauge nette du navire . .   1/4 des droits
Aux 3/4   —   —   . .   1/2 des droits

Droit de tonnage.

Loi du 28 mars 1889 ; décrets des 25 septembre 1893 et 29 avril 1896).

Par tonneau
de jauge.

Tout navire de *toute provenance ou destina-tion* entrant chargé ou venant prendre charge dans les limites du port de Nantes paie . . . . 0 fr. 15

Il est en outre perçu un second droit de tonnage dans les conditions suivantes :

Tout navire provenant d'un port extra-européen et hors des mers méditerranéennes.

Pour chacun des 2 premiers voyages effectués dans la même année, du 1er janvier au 31 décembre. . . . . 0 fr. 35

Pour le 3e voyage (applicable aux vapeurs seulement). . . . . . 0 fr. 10

Pour chaque voyage en sus. . . . . *Nil*

Tout navire provenant d'un port d'Europe ou situé sur les mers méditerranéennes et pour chacun des 20 premiers voyages effectués dans la même année du 1er janvier au 31 décembre.

Si la cargaison est composée aux 4/5 de charbons, minerais, coaltars, brais, bitumes, scories de fer, de fonte ou d'acier . . . . . . 0 fr. 15

Si la cargaison est composée aux 4/5 au moins de bois ou de bois et fer . . . . . . 0 fr. 25

Si la cargaison est composée d'autres marchandises que celles indiquées ci-dessus. . 0 fr. 35

Pour chaque voyage en sus. *Nil.*

Sont exempts du droit :

Les navires de l'État ou employés à son service, les objets ou marchandises appartenant à l'État ou destinés à son service en vertu de contrats réguliers.

Les navires affectés au remorquage, au pilotage ou à la navigation de plaisance.

Les navires effectuant la pêche côtière ou une navigation intérieure en amont du port de Nantes.

Les navires entrés en relâche, ne faisant aucune opération commerciale.

La Rochelle. — La Pallic .

Droit de tonnage.

(Décret du 19 octobre 1880 ; Loi du 14 août 1888 ; Décret du
12 novembre 1891 ; Arrêté du 16 juillet 1894).

	Par tonneau de jauge.
Tout navire entrant chargé ou venant prendre charge.	0 fr. 25
Allèges ou *vapeurs de transbordement* entrant ou sortant avec marchandises ou voyageurs, provenant ou à destination de navires faisant uniquement escale sur rade, par voyage. . .	0 fr. 25

Navires faisant simplement escale pour y prendre ou laisser des marchandises ou des voyageurs.

a) N'embarquant ou ne débarquant qu'un nombre de tonneaux de marchandises exprimé en tonneaux d'affrètement ne dépassant pas le 1/4 de sa jauge nette. . . .	0 fr. 10
b) Supérieur au 1/4 (mais ne dépassant pas la 1/2 de sa jauge nette.	0 fr. 15
c) Supérieur à la 1/2 de sa jauge nette	0 fr. 25
d) Se bornant à des opérations de voyageurs quel qu'en soit le nombre.	0 fr. 10

Tout navire d'une ligne *régulière* en *provenance* ou à
destination de l'*Océan Pacifique faisant escale* et se bor-
nant à des opérations de voyageurs, espèces ou colis de
messageries.

Par voyageur débarqué ou embarqué . . . . 1 fr.

Par tonneau de jauge. . . . . 0 » 01
avec maximum de 0 fr. 10 par tonneau de jauge.

Sont exempts :

Les navires se livrant à la petite pêche, au remorquage,
au pilotage, au bornage ;

Les navire faisant le cabotage entre ports français ;

Les bâtiments appartenant à l'État ;

Les navires en simple relâche;

Les navires entrés et repartant sur lest.

Droit de tonnage.

Loi des 15 juillet 1886,2 août 1887, 9 août 1888.— Décret du 17 août 1897.
— Arrêté ministériel du 16 août 1898).

Par tonneau
de jauge.

Tout navire *entrant chargé* ou *venant prendre charge* paie :

Si le nombre total des tonnes métriques (1000 kilogs) de marchandises débarquées *ou* embarquées est :

- Supérieur à la 1/2 de sa jauge nette. . . . . 0 fr. 12
- égal ou inférieur à 1/2 . . 0 fr. 06
- » » 1/4 . . 0 fr. 03
- » » 1/10 . . 0 fr. 012

Sont exempts :

Les navires français se livrant à la pêche côtière, au petit cabotage, à la navigation intérieure et au remorquage ;

Les bateaux pilotes ;

Les bâtiments de l'État ou affectés à son service ;

Les navires sur lest ;

En plus du droit ci-dessus, tout navire entrant chargé ou venant prendre charge dans le port de Bordeaux, paie :

	Si le nombre total de tonnes métriques de 1000 kil. de marchandises embarquées ou débarquées est	1er, 2e ou 3e voyage	4e ou 5e voyage	6e et tout voyage
		effectués dans la même année du 1er janv. au 31 d.		
		par tonneau de jauge nette		
Navire entrant chargé et sortant chargé	Supérieur à la 1/2 de la jauge nette	f 0 60	f 0 50	f 0 40
	Egal ou infér. à 1/2 —	0.30	0 25	0 20
	— 1/4 —	0 15	0 125	0 10
	— 1/10 —	0 06	0 05	0 04
Navire entrant chargé et sortant sur lest ou entrant sur lest et sortant chargé	Supérieur à la 1/2 de la jauge nette	0 50	0 45	0 40
	Egal ou infér. à 1/2 —	0 25	0 225	0 20
	— 1/4 —	0 125	0 11	0 10
	— 1/10 —	0 05	0 045	0 04
Alléges de transbordement entrant au port de Bordeaux ou en sortant avec des marchandises venant de ou pour des navires arrêtés en aval et n'entrant pas à Bordeaux ou n'en sortant pas		pour tout voyage		
	Supérieur à la 1/2 de la jauge nette	0 30		
	Egal ou infér. à 1/2 —	0 15		
	— 1/4 —	0 075		
	— 1/10 —	0 03		

Chaque passager embarqué ou débarqué compte pour une tonne.

Chaque tête de gros bétail, compte pour une tonne.

Chaque tête de petit bétail, compte pour un 1/4 de tonne.

Sont exempts :

Les navires entrant en relâche ;

Les navires entrant sur lest et repartant sur lest ;

Les navires entrant chargés et repartant sans avoir fait d'opération commerciale ;

Les navires se livrant à la pêche côtière, au cabotage national, au remorquage, au pilotage, à la navigation intérieure, au bornage ;

Les bâtiments de l'État ou appartenant à son service ;

Les gabares ou allèges employés soit à alléger en aval de Bordeaux les navires qui remontent ensuite jusqu'à Bordeaux, soit inversement.

Cette.

Droit de tonnage.

Il n'existe aucun droit de tonnage à percevoir sur les navires.

Marseille.

Droit de tonnage.

(Décret du 5 mars 1894).

Par tonneau
de jauge.

Tout navire *entrant chargé* en venant *prendre charge*, paie . . . . 0 fr. 06

Sont exempts :

Les navires appartenant à l'État ou employés à son service ;

Les navires affectés au pilotage, au remorquage, à la pêche, au bornage ;

Les navires faisant le cabotage entre ports français (Algérie non comprise) ;

Les navires en relâche et ne faisant aucune opération de commerce ;

Les navires qui, au cours d'une même année auraient déjà payé trois fois ce droit de tonnage.

Alger.

Droit de quai.

Les lois du 23 décembre 1897 et 25 mars 1898 concernant le droit de quai, sont applicables aux ports algériens
avec cette seule différence toutefois, que les droits de 1 fr.
ou de 50 centimes avec leurs réductions ne sont perçus que
proportionnellement aux quantités de marchandises *débarquées*, c'est-à-dire qu'au lieu de deux liquidations différentes à l'entrée et à la sortie comme cela se fait dans les
ports de la Métropole, il n'y a qu'une seule liquidation,
celle relative aux marchandises *débarquées*.

Exemple : Supposons un navire de 1000 tonneaux de
jauge nette venant de la mer Noire à Alger et chargeant
pour un port espagnol.

Il débarque à Alger :

1° 501 tonneaux de marchandises. Il paiera $1.000 \times 0.50 = 500$ fr.

2° 500   —   — $1.000 \times \dfrac{0.50}{2} = 250$ fr.

3° 250   —   — $1.000 \times \dfrac{0.50}{4} = 125$ fr.

4° 100   —   — $1.000 \times \dfrac{0.50}{10} = 50$ fr.

Il ne sera pas tenu compte des marchandises embarquées
pour l'Espagne.

Si ce navire ne fait qu'une opération *d'embarquement*,
il n'aura rien à payer.

Cette situation permet aux navires de pouvoir faire en Algérie des embarquements de charbon sans avoir de droit de quai à régler, ce qui est impossible dans un port de la Métropole si cet embarquement constitue plus qu'un approvisionnement ordinaire.

Droit de tonnage.

(Décret du 12 septembre 1895).

Le droit de tonnage à Alger n'est pas perçu sur le navire d'après sa jauge, mais sur la quantité de marchandises embarquées, débarquées ou transbordées.

Il est de 0 fr. 20 à 0 fr. 10 par 1.000 kilogrammes, suivant l'espèce de marchandises.

CONCLUSION

De l'examen de ces tarifs et de ce que nous avons dit auparavant, il nous semble résulter :

1° Que les péages locaux sont généralement assez peu élevés ;

2° Que la liberté qui est laissée aux différents ports de les établir à leur gré, les a mis à même de favoriser telle ou telle navigation selon leur propre intérêt et, disons-le aussi, selon celui de cette navigation ;

3° Que les ports ont usé de leurs droits avec réserve et qu'ils ont toujours été loin d'atteindre le maximum que la loi leur permettait de réclamer.

Après avoir rappelé en outre, que ces droits sont destinés à payer les frais d'aménagement ou d'amélioration des ports, quais et bassins, nous croyons pouvoir conclure que les péages locaux sont à la fois des droits justifiés et bien établis.

CHAPITRE II

Le Pilotage est une institution ayant pour but de mettre à la disposition des capitaines voulant conduire leur navire dans ou hors d'un port déterminé, des marins spéciaux, brevetés en raison de leurs connaissances techniques et de l'étude qu'ils ont faite de ce port et de ses abords.

Cette définition pourrait, à elle seule, justifier l'application des droits de pilotage dont nous avons à parler. L'idée d'un service rendu, et d'un service tel que seule une personne ayant fait des études spéciales est capable de rendre, y est en effet explicitement contenue. Toutefois, nous croyons devoir entrer dans quelques détails, afin que l'on puisse se bien rendre compte de l'importance de ce service et des avantages immenses qu'il procure à la navigation, lorsqu'il est régulièrement accompli.

Il est, en effet, indispensable, pour pouvoir apprécier en connaissance de cause, la raison d'être d'un tarif, de connaître l'importance, l'étendue, l'utilité et la diversité des services que son établissement a eu pour but de rémunérer. Aussi, après avoir parlé de l'établissement même du pilotage, et avant d'entrer dans l'examen des différents tarifs, nous proposons-nous d'examiner successivement et

rapidement ce qu'est un pilote, et quels sont les services
rendus par la corporation des pilotes à la navigation et
éventuellement à l'État lui-même.

SECTION I. — **Etablissement du pilotage.**

L'institution actuelle du pilotage remonte au décret du
12 décembre 1806 qui l'a réglée et à celui du 29 août 1854
qui l'a complétée (1). En établissant un règlement général
du pilotage pour toute la France, le décret de 1806 décidait, en outre, que des tarifs spéciaux seraient établis dans
chaque port par décrets, après avis de l'assemblée commerciale du port. Par conséquent, toutes les mesures géné-
rales concernant le pilotage sont édictées dans les deux décrets en question : celles, au contraire, qui sont spéciales
à certains ports, sont prises dans les décrets spéciaux que
nous venons de mentionner. Avant de passer en revue ces
différentes prescriptions, nous allons examiner ce qu'est
un pilote aux termes mêmes du décret de 1806 et les services qu'il est appelé à rendre à la navigation et à l'État.

SECTION II. — **Qu'est-ce qu'un pilote.**

Un pilote est, comme nous l'avons vu plus haut, un
marin spécial breveté en raison de ses connaissances techniques et de l'étude spéciale qu'il a faite d'un port et de

____

(1) En conformité avec la loi du 15 août 1792.

ses abords. N'arrive pas pilote qui veut. Outre l'examen nécessaire, le candidat doit effectuer un long stage comme lamaneur, c'est-à-dire en quelque sorte comme aide-pilote ou apprenti-pilote. En effet, le nombre des pilotes titulaires est limité dans chaque port. Ce n'est qu'au fur et à mesure des vacances que les lamaneurs peuvent aspirer à devenir pilotes. Jusqu'à ce moment, ils accompagnent les pilotes en mer et les suppléent en cas de besoin, afin d'arriver peu à peu à la connaissance approfondie de la profession qu'ils veulent exercer. Il arrive même fréquemment, qu'un pilote âgé désirant prendre sa retraite, le lamaneur qui le remplace est obligé de lui servir une rente jusqu'à sa mort. Il ressort clairement, ce nous semble, de ce qui vient d'être dit :

1° Que d'une part, on n'arrive à exercer la profession de pilote et par conséquent à profiter des tarifs du pilotage qu'à un âge relativement avancé ;

2° Que d'autre part, on est souvent obligé d'attribuer une partie de ses bénéfices au pilote qu'on a remplacé et qu'on appelle « ancien » pendant un temps plus ou moins long.

SECTION III. — Des services que les pilotes rendent.

1° A la navigation.

Le premier de ces services, de beaucoup le plus important, est la conduite des navires à l'entrée et à la sortie des ports. Si l'on s'en tient à cette définition, l'on voit bien qu'il y a un service rendu mais on en mesure difficilement l'importance et la valeur. Il faut pour cela entrer un peu dans les détails de l'opération. Disons tout d'abord que le décret de 1854 a interdit aux pilotes de faire caisse commune. Cette disposition établit entre les pilotes une concurrence active dont la navigation profite grandement. En effet, dès que les pilotes savent qu'un navire est en route à destination du port auquel ils sont attachés, ils partent à sa rencontre et l'on aperçoit immédiatement que l'avantage reste à celui qui va le chercher le plus loin. Pour ne donner qu'un exemple des distances que parcourent les bateaux-pilotes à la recherche des navires, nous dirons seulement que les pilotes du port du Havre vont les attendre jusqu'au cap Lizard, au Sud-Ouest de l'Angleterre, juste à l'entrée de la Manche.

Dès que les signaux d'usage ont été échangés entre le bateau-pilote et le navire, celui-ci est obligé de laisser le pilote monter à son bord et d'autre part le pilote est obligé de s'y rendre. Tous deux, en effet, peuvent avoir intérêt le premier à se passer du concours du second, le second à ne point prêter son concours au premier. Voici dans quels cas : nous devons dire tout d'abord que les tarifs de pilotage sont généralement établis de telle façon que la distance et la jauge du navire les modifient considérablement. Il y a généralement deux ou trois distances d'établies avec des tarifs progressifs de la plus petite distance à la plus grande et d'autre part, le droit a généralement pour

base la jauge du navire. Cela dit, supposons un navire à
une distance telle qu'il devra payer le maximum du pilotage et dont le capitaine connaît suffisamment les parages
pour pouvoir s'y aventurer sans risque. Ce navire aperçoit
un bateau-pilote qui lui fait les signaux d'usage. Au lieu
de répondre et d'attendre, il file rapidement afin d'atteindre la distance moindre pour laquelle il paiera un pilotage réduit; il n'a point le droit de le faire, et lorsque le
pilote rentré au port aura fait son rapport (à supposer
qu'il soit parvenu à connaître le nom du navire en question), celui-ci devra payer un pilotage pour la plus grande
distance (1).

Supposons maintenant le cas contraire, c'est-à-dire un
pilote sorti du port pour aller à la rencontre d'un navire
de 2000 tonneaux. En route, il rencontre un navire de
tonnage moindre qui lui fait les signaux d'usage. Au lieu
de répondre, le bateau-pilote file comme s'il n'avait rien
vu. Il n'en a point le droit et si le navire en question par-
vient à établir l'identité du bateau-pilote soit en recon-
naissant le numéro d'ordre qu'il doit avoir sur sa grand-
voile, soit par tout autre moyen, il pourra faire infliger
au pilote des peines disciplinaires très graves, établies par
le décret de 1806 et allant jusqu'à la radiation du tableau.

Mais généralement, les capitaines sont très heureux de
rencontrer un pilote à une grande distance et d'être ainsi
débarrassés du souci des dangers que court la navigation

____

(1) Il paiera dans ce cas deux pilotages : le pilotage réel et le
pilotage évité.

à proximité des côtes et dans les ports, ou généralement
des modifications fréquentes surviennent par suite de l'en-
sablement de certaines parties ou de la nouvelle direction
prise par certains courants, etc.

Lorsque le pilote est allé très loin en mer, sur son petit
bateau à voiles, à la rencontre du gros navire qu'il veut
conduire au port, il n'a encore éprouvé qu'une partie des
difficultés qu'il doit rencontrer. Nous faisons remarquer
toutefois, que ces voyages s'effectuent en toute saison, par
tous les temps, et qu'ils sont d'autant plus utiles et plus
indispensables que le temps est plus mauvais et que par
suite, les navires à guider courent plus de dangers. Mais,
en outre, après avoir rejoint le navire, le pilote doit monter à bord ! Très souvent ; par suite du mauvais temps, le
bateau-pilote lui-même ne peut pas approcher le navire
et l'opération doit se faire sur un petit canot. Lorsque celui-ci est parvenu malgré les vagues qui menacent de le
briser contre le navire, à s'approcher de celui-ci, le pilote
doit se hisser à bord à l'aide d'une corde ! On aperçoit immédiatement les dangers d'une telle opération dont les
chutes à l'eau sont le moindre mal et parfois la mort, la
triste conséquence.

Les bateaux dont se servent les pilotes leur appartiennent et coûtent très cher, à cause de la construction spéciale qu'ils nécessitent. De plus, les pilotes doivent veiller
à ce que toutes les conditions nécessaires à une navigation
sûre aux environs du port auquel ils appartiennent soient
réalisées. Dans cet ordre d'idées, ils doivent surveiller et

provoquer l'aménagement des amers, le bon fonctionnement des bouées et des phares, en un mot, ne rien négliger de ce qui peut faciliter leur tâche ou celle des capitaines.

Le décret de 1806 leur prescrit encore le levage des ancres et chaînes laissées en mer par les navires, et d'autres obligations que nous ne mentionnerons point, du moins à cette place, parce qu'elles sont l'objet d'une rémunération spéciale.

Nous croyons, d'ailleurs, avoir suffisamment mis en relief les services importants que les pilotes rendent à la navigation.

2° A l'État.

Nous avons dit aussi, que les pilotes étaient éventuellement appelés à rendre à l'État d'importants services. Qu'une guerre maritime survienne en effet, notre marine militaire trouvera dans les pilotes des auxiliaires précieux. Par la connaissance approfondie qu'ils ont de nos côtes, par l'expérience sans cesse renouvelée des difficultés que peuvent rencontrer les navires dans certains parages, ils sont à même de rendre des services d'une efficacité évidente. Pour nous, cet intérêt national suffirait, à défaut d'autres, à justifier tous les efforts faits pour conserver et développer une corporation aussi utile et aussi indispensable que celle des pilotes.

SECTION IV. — Quels navires paient le pilotage

En principe, tous les navires caboteurs ou longs-courriers, français ou étrangers, sont obligés de faire usage d'un pilote et conséquemment astreints à acquitter les droits de pilotage. Le grand intérêt qui, comme nous l'avons vu, existe pour les navires d'avoir un pilote à bord, à l'entrée et à la sortie des ports, est encore augmenté de cette circonstance, qu'aux termes de toutes les polices d'assurances ou à peu près, le sinistre survenu à un navire dans les limites où l'emploi du pilote est obligatoire, n'entraîne pas la responsabilité de la Compagnie d'assurances, si celle-ci peut prouver que le capitaine s'est volontairement privé de l'usage d'un pilote.

Il y a pourtant à cette règle de l'obligation de prendre un pilote quelques exceptions :

1° L'article 8 de la loi du 31 janvier 1893, accorde la franchise du pilotage à tous les navires français à voiles ne jaugeant pas plus de 80 tonneaux et aux navires français à vapeur dont le tonnage ne dépasse pas 100 tonneaux lorsqu'ils font habituellement la navigation de port en port et lorsqu'ils pratiquent l'embouchure des rivières.

2° Une autre exception de même nature, mais sans maximum de tonnage se rencontre dans le décret du 23 juillet 1859 sur le pilotage du 5ᵉ arrondissement maritime, c'est-à-dire celui de Toulon. Tout bateau à vapeur faisant un service régulier d'un port français à un port français de la Méditerranée est dispensé de l'assistance d'un pilote.

Devant la Commission extraparlementaire de la marine marchande, M. Caudran-Bellancourt avait demandé que cette faveur accordée aux caboteurs fut accordée dans les mêmes conditions aux longs-courriers. On peut répondre à cela que les exemptions accordées soit par le décret de 1806, soit par des décrets postérieurs, sont toujours basées sur la connaissance présumée du fond de la mer et des parages d'un port par les capitaines qui le visitent régulièrement. Or, le capitaine d'un long-courrier s'absente de longs mois et il peut ignorer les modifications du fond qui se sont opérées depuis son départ. Il ne nous semble donc point que le vœu formé par M. C. Bellancourt soit susceptible d'offrir à la navigation la sécurité que la loi a voulu lui assurer par l'institution du pilotage.

3° Un décret récent du 8 mars 1889 dispense du pilotage à Marseille, tout capitaine au long-cours ou officier de la marine de l'État qui a obtenu après un examen le brevet de pilote. Pour subir cet examen, le candidat justifie qu'il est entré ou sorti comme officier dix-huit fois depuis 3 ans dont 2 fois comme commandant ; il faut en outre que sa dernière entrée ou sortie ne remonte pas à plus d'un an (art. 2). La licence est périmée si le capitaine pilote n'est pas entré ou sorti comme commandant depuis un an (art. 2). Cette restriction justifie les réserves que nous avons faites au sujet de l'adoption du vœu de M. Caudran-Bellancourt. Le délai d'un an peut, en outre, paraître un peu long, même à Marseille où la marée ne se fait pas sentir et où par suite, les modifications dans l'état du port et de son entrée sont peu fréquentes.

4° Les allèges d'Arles entrent à Marseille et en sortent sans acquitter de droit de pilotage en vertu du décret du

23 juillet 1859. Ce décret impose d'ailleurs le pilotage aux chalands algériens qui se rendent en Corse, en Algérie ou à l'étranger. La dispense ne profite qu'à Marseille.

5° Aux termes de l'article 18 du décret du 23 mars 1886 portant règlement général pour le service du pilotage en Algérie, la franchise accordée aux caboteurs de petit tonnage est étendue aux navires immatriculés en Algérie et commandés par des patrons algériens, quel que soit leur tonnage et aux bateaux affectés à la pêche côtière. Cette franchise a pour but de développer la marine algérienne et le recrutement du personnel naviguant dans notre colonie.

SECTION V. — **Des différents tarifs de pilotage.**

L'article 41 du décret du 12 décembre 1806 est ainsi conçu :

« Il sera dressé dans chaque port où ce travail n'a pas encore été fait, et pour chaque station, un tarif des droits de pilotage pour les bâtiments nationaux et étrangers, conformément à la loi du 15 août 1792.

« L'administration de la marine et le tribunal de commerce du lieu, concourront à la rédaction de ce tarif, qui avant d'être soumis par le ministre de la marine et des colonies à l'approbation de Sa Majesté, en Conseil d'État, devra être préalablement examiné et discuté par le Conseil d'administration de la marine établi dans le chef-lieu de la préfecture maritime.

« Lorsqu'il y aura lieu à modifier ces tarifs, il sera procédé de la même manière à leur revision.

« Le même mode sera suivi, lorsque les préfets maritimes reconnaîtront que pour faciliter et assurer le service du pilotage dans les ports de leur arrondissement, il est nécessaire de déterminer, par des règlements particuliers et appropriés aux localités, les dispositions auxquelles les pilotes et les capitaines de navires devront être assujettis. »

Sans nous prononcer, du moins pour le moment, sur le bien ou le mal fondé de l'autonomie relative laissée à chaque port pour l'établissement de ses tarifs de pilotage, nous allons examiner rapidement l'usage qu'un certain nombre d'entre eux en ont fait et les principales causes qui ont motivé dans l'élaboration de ces tarifs, les dégrèvements ou les charges.

SECTION VI. — Des éléments principaux qui ont influencé l'élaboration des tarifs.

Les éléments qui ont servi de base à la taxation sont multiples ; trois d'entre eux se retrouvent dans tous les tarifs ; ils se réfèrent à la nationalité du navire, à sa nature et à son chargement ; ce dernier se subdivise lui-même en éléments divers : importance, nature, provenance ou destination. Enfin, la taxation varie parfois à l'entrée et à la sortie ; selon que le navire marche seul ou qu'il se fait remorquer ; selon la distance qu'il parcourt sous la direction du pilote, ou même suivant la saison ou l'heure de ses entrées et sorties.

§ 1. — Nationalité.

L'article 41 du décret de 1806, impose le pilotage à tous

les navires français ou étrangers. D'une façon générale,
le tarif est augmenté de moitié pour les navires étrangers
non assimilés (1). Or, en fait, cette protection se réduit
pour ainsi dire à rien dans la pratique, car le décret de
1854 d'une part, et d'autre part, deux circulaires du ministre de la marine, postérieures à ce décret, ont fait des pays
jouissant de l'assimilation une énumération qui ne laisse
en dehors de la faveur aucune puissance maritime importante sauf peut-être le Japon dont la marine a pris
depuis peu de temps un remarquable essor.

Comme justification de notre affirmation, nous citerons
successivement le décret de 1854, article 18, et les deux
circulaires qui l'ont complété.

Pavillons jouissant du bénéfice de l'assimilation.

(Décret du 29 août 1854).

1º Sans aucune restriction. — Pavillons de :

Belgique ; Bolivie ; Brésil ; Chili ; Costa-Rica ; Danemark ; Equa-
teur ; Espagne ; États-Unis ; Guatémala ; Hollande ; Mexique ; Nou-
velle-Grenade ; Paraguay ; Uruguay ; Vénézuéla.

2º Sous les conditions indiquées ci-contre, à l'entrée
comme à la sortie :

Pavillon d'*Angleterre.* — Les navires *chargés* venant
des ports et se rendant dans les ports du Royaume-Uni ou
des possessions de ce royaume en Europe ;

(1) Décret du 29 août 1854, art. 18, § 1er.

Les navires *sur lest*, quelle que soit leur provenance ou leur destination.

N. B. — A l'entrée comme à la sortie, sont affranchis de tous droits quelconques de navigation, les bateaux-pêcheurs appartenant au Royaume-Uni ou à ses possessions en Europe, qui, forcés par le mauvais temps de chercher un refuge dans les ports ou sur les côtes de France n'y ont effectué aucun chargement ni déchargement.

Pavillon des *Deux-Siciles*. — Les navires venant *directement*, *avec chargement* de l'un des ports du royaume.

Les navires venant *sur lest* de tous ports quelconques ;

Les paquebots-poste et les bâtiments à vapeur, même dans le cas d'escale intermédiaire.

Pavillon *Dominicain*. — Les navires venant *directement avec chargement*, des ports de la République Dominicaine, ou *sur lest* de tous ports quelconques.

Pavillon de *Portugal*. — 1° Les navires venant directement des ports du Portugal *avec chargement*, et *sans chargement* de tous ports quelconques ;

2° Les navires à vapeur portugais affectés à un service régulier et périodique entre les ports du Portugal et ceux d'un autre pays quelconque, qui, durant leur trajet, soit à l'aller, soit au retour, feront escale dans les ports de Bordeaux et du Havre.

Pavillon de *Russie*. — Les navires venant :

1º Avec chargement, d'un port russe autre que ceux de la mer Noire ou de la mer d'Azow ;

2º Sur lest de tous ports quelconques, autres que ceux de la mer Noire ou de la mer d'Azow.

Pavillon de *Sardaigne*. — Les navires venant directement d'un port de Sardaigne *avec chargement*, ou *sur lest* de tous ports quelconques.

Pavillon de *Toscane*. — Les navires venant directement des ports de Toscane avec *chargement*, et *sans chargement* de tous ports quelconques.

Une circulaire du 17 avril 1893, tenant compte, notamment des modifications survenues dans certains États comme l'Allemagne et l'Italie, citait :

Allemagne ; Angleterre ; Autriche-Hongrie ; Belgique ; Brésil ; Chili ; Danemark ; République Dominicaine ; Espagne ; États-Unis d'Amérique ; Grèce ; Honduras ; Mexique ; Monaco ; Monténégro ; Pays-Bas ; Roumanie ; Russie ; Serbie ; République Sud Africaine ; Suède et Norwège ; Turquie.

Une seconde circulaire du 7 novembre 1893, a complété l'énumération par les pays ci-après :

République Argentine ; Colombie ; Paraguay ; Uruguay.

L'on peut donc dire aujourd'hui, qu'en matière de pilotage, les navires du monde entier ou à peu près, sont traités de la même façon dans les ports français.

§ 2. — Nature du navire.

Les yachts ne paient généralement qu'un demi-pilotage.

Depuis l'ordonnance du 10 août 1841, les navires à vapeur ne paient également que la moitié du pilotage. Mais, quand un navire à vapeur mixte se sert uniquement de la voile pour sortir ou entrer, le pilote ayant moins de facilité pour lui faire exécuter ses mouvements que sous l'action de la vapeur, a droit à la rémunération entière.

§ 3. — Le chargement.

Le chargement profite autant que le navire du pilotage et en outre, il est la raison d'être du voyage. De là, nous pouvons tirer de suite deux conséquences consacrées par la plupart des règlements :

a) Le navire sur lest paie généralement un pilotage réduit. Ainsi, au Havre par exemple, il est de moitié pour l'entrée et du tiers pour la sortie (D. 29 août 1854, 26 novembre 1888, 15 mars 1891, 28 août 1895).

b) Le navire en relâche forcée, ne visitant pas le port pour s'y livrer à des opérations commerciales, jouit partout d'une réduction.

Elle est au Havre la même que pour le navire sur lest.

I. — *Importance du chargement.*

Si le navire chargé acquitte seul le pilotage en entier, il

est indispensable de déterminer ce qu'on entend par navire chargé.

D'abord, tout navire à vapeur est réputé chargé.

En ce qui concerne les voiliers, les règlements manquent d'unité.

Sans doute, tous ou à peu près font payer le pilotage au voilier comme au vapeur d'après son tonnage légal, tonnage constaté soit par le certificat de jauge, soit par le passeport, mais il n'y a pas unité de vues quant à la quantité de marchandises nécessaire pour qu'un voilier soit réputé chargé.

Les règlements de Dieppe et de Rouen considèrent comme chargé, le navire qui porte une quantité de marchandises diverses représentant le sixième de sa jauge légale (Dieppe, D. 2 décembre 1885, Rouen, D. 14 mars 1884).

A La Rochelle, pour payer le pilotage entier, le navire doit contenir le quart de sa jauge nette légale en marchandises (D. 5 août 1890). Ce décret est un des plus récents.

A Boulogne, il suffit d'un tiers de la jauge (D. 29 août 1854) et à Calais également (D. 13 août 1864, 21 juin 1880, 31 janvier 1895).

Il en est de même à Rouen, mais seulement à condition que ce tiers de la cale soit occupé par certaines catégories de marchandises : blocs de pierres ou vidange de carrières.

A Calais, il suffit qu'un voilier ait des passagers ou porte des matières d'or et d'argent pour qu'il soit considéré comme chargé.

II. — *Nature du chargement.*

Nous avons déjà été amené à montrer qu'à Rouen et à Calais, le tarif du pilotage pouvait varier selon la nature du chargement.

La même idée a inspiré le règlement du 15 novembre 1875 pour le port d'Aigues-Mortes. Les droits de pilotage sont perçus comme il suit, sur les marchandises désignées :

A l'entrée et à la sortie :

Savons, huile, riz	0 fr. 75	par	1.000 kil.
Blé et céréales	0 » 03	par	hectolitre
Charbon de terre	0 » 01	par	1.000 kil.

	Entrée		Sortie		
Vin :	0 fr. 03	—	0 fr. 02	par	hectolitre
Eau-de-vie	0 fr. 04	—	0 fr. 03		—

Toutes ces taxes, dites de pilotage sur les marchandises, sont indépendantes de celles qui frappent le navire lui-même.

§ 4. — **Provenance du navire.**

Parfois la tarification protège une navigation détermi-née. A Cette, par exemple, le tarif d'entrée est de 0 fr. 10 pour toute provenance d'au delà de Gibraltar et de Suez. tandis que les provenances de la Méditerranée acquittent par tonneau de jauge seulement 0 fr. 05.

§ 5. — Régularité des lignes.

Certains ports favorisent par leurs tarifs de pilotage les navires qui les visitent régulièrement. Boulogne, Calais et Dieppe, entre autres, nous en fournissent des exemples.

A Calais, le vapeur de Douvres paie 7 francs à l'entrée et autant à la sortie, soit 14 francs ; et la taxe est même réduite à 12 francs quand les deux mouvements se font soit à la même marée, soit à deux marées différentes, mais dans l'espace de quatre heures. Or nous verrons, en étudiant le tarif de pilotage du port de Calais, que ce navire devrait payer beaucoup plus s'il restait soumis au droit commun.

Le décret du 14 décembre 1889 a établi un tarif très réduit en faveur des transatlantiques qui visitent le port de Boulogne.

Ces navires paient par tonneau de jauge, à l'entrée comme à la sortie :

Jusqu'à 1.000 tonneaux	0 fr. 14
De 1.000 à 1.300 tonneaux	0 » 03
De 1.300 à 1.600 —	0 » 02
De 1.600 et plus.	0 » 01

§ 6. — Distance (1) parcourue par le navire sous la direction du pilote.

Le service rendu par le pilote se mesure logiquement à la distance parcourue, et la plupart des tarifs en tiennent

(1) Cette distance se décompose selon les ports, en zones, distances ou stations.

compte. Nous trouvons trois zones à Dunkerque, Le Havre ; huit distances de Quiberon, l'Ile-Dieu, Belle-Isle à St-Nazaire, etc.

Ainsi, au Havre, le navire paie 26 francs par 100 tonneaux dans la grande rade, c'est-à-dire à 20 milles de la Hève ; dans la seconde zone de 20 à 40 milles de la Hève, il acquitte la moitié en plus, et au delà de 40 milles, 1/3 en plus.

§ 7. — Saisons.

La saison influe aussi parfois sur le tarif du pilotage. Ainsi, par exemple, à Bordeaux, on acquitte un pilotage plus élevé en hiver qu'en été.

§ 8. — Nuit.

Les tarifs des opérations de nuit sont parfois plus élevés que pour celles de jour. Ainsi, à Cette, tout navire accosté à 3 milles la nuit paie comme droit de pilotage 0 fr. 25 par tonneau de jauge, tandis que dans le jour il ne paie que 0 fr. 15.

§ 9. — Entrée ou sortie.

Le tarif du pilotage est généralement moins élevé à la sortie, qu'à l'entrée. En voici quelques exemples :

Au Havre, les navires qui sont chargés en tout ou en partie n'acquittent qu'un demi-droit de pilotage à la sortie.

A Marseille, le tarif de sortie est de 0 fr. 15 par tonneau de jauge et celui d'entrée de 0 fr. 22.

§ 10. — Remorquage.

Le remorquage d'un navire a également dans un certain nombre de ports une influence sur le tarif de pilotage.

A Bordeaux, les navires remorqués paient invariablement la moitié de la taxe.

A Marseille, il faut distinguer selon qu'un seul ou deux pilotes sont en service. Dans le premier cas, il n'est dû qu'un pilotage pour les deux navires et il est calculé sur le navire du plus fort tirant d'eau ; mais, on n'applique jamais que le tarif des voiliers. Dans le second cas, au contraire, si le navire remorqué est d'un plus fort tonnage que le remorqueur, chaque pilote touche le salaire qu'il recevrait s'il n'y avait pas de remorque.

SECTION VII. — Tarifs de pilotage dans les principaux ports français.

Après ce rapide aperçu des différentes combinaisons selon lesquelles sont établis les tarifs de pilotage en France, nous allons donner le détail de ces tarifs pour les principaux ports français, afin que l'on puisse se bien rendre compte des charges qui sont imposées de ce chef aux navires qui viennent les visiter. Nous ne donnerons que les tarifs normaux et non les tarifs spéciaux à certains navires et à certains cas.

Dunkerque.

Pilotage.

(Décret des 30 juin 1883 et 8 décembre 1892).

A l'entrée et à la sortie.

1re zone.
{ Le port et la bouée 6 à l'Est.
Le port et les bouées n°s 10 et 5 à l'Ouest.
Le port et les accores intérieurs du banc
des Bragues au Nord.

	Par tonneau de jauge.
Bâtiments à voiles, chargés (1)	0 fr. 20
— — sur lest	0 fr. 10
Bâtiments à vapeur chargés ou sur lest . . .	0 fr. 10

Pilotage par signal pour navires :	
— — — à voiles . .	0 fr. 10
— — — à vapeur . .	0 fr. 05

2e zone.
{ La bouée 6 et Ostende à l'Est.
Les bouées 10 à 5 et Calais à l'Ouest.
Les accores du banc des Bragues et du
Braeck bank et le Ruytingen au Nord.

(1) Est considéré comme chargé, tout bâtiment ayant à bord des marchandises occupant le tiers de sa jauge officielle.

		Par tonneau de jauge.
Frais de conduite à ajouter aux prix de la 1ʳᵉ zone.	Bâtiments à voiles, chargés ou sur lest	0 fr. 10
	Bâtiments à vapeur, chargés ou sur lest	0 fr. 05

3ᵉ zone.

. Au delà d'Ostende, jusqu'à l'embouchure de l'Escaut à l'Est.

Au delà de Calais, jusqu'à la côte anglaise à l'Ouest.

Au delà de Ruytingen au Nord.

		Par tonneau de jauge.
Frais de conduite à ajouter aux prix de la 1ʳᵉ zone.	Bâtiments à voiles, chargés ou sur lest	0 fr. 20
	Bâtiments à vapeur, chargés ou sur lest.	0 fr. 10

Si le pilote embarque sur rade, il lui est dû pour frais d'embarquement 12 francs et dans ce cas le navire n'a pas de frais de conduite à payer.

Si à la sortie le pilote est conservé à bord au delà de la rade, il lui est dû 18 francs pour frais de débarquement.

Le pilote touche aussi par déhalage . . . . 5 fr.

Et par nuit de veille. . . . . 4 fr.

Le séjour des pilotes à bord du navire leur est payé en plus de la nourriture, par 24 heures. . 6 fr.

Oalais.

Pilotage.

(Décrets des 13 août 1864, 21 juin 1880, 31 janvier 1895).

		Par tonneau de jauge.
Navires à voiles.	chargés (1)	0 fr. 25
	sur lest.	0 fr. 125
	en relâche	0 fr. 166
Navires à vapeur.	chargés ou sur lest	0 fr. 125
	en relâche	0 fr. 083

Le pilotage n'est dû, qu'autant que les pilotes sont montés à bord des navires à deux encâblures ou 400 mètres en dehors des jetées.

(1) Les navires de plaisance sont toujours considérés comme sur lest.

Sont considérés comme chargés :

Les bâtiments ayant à bord un ou plusieurs passagers ou des matières d'or et d'argent.

Ceux qui portent un chargement de plus du tiers de leur jauge officielle ou dont le chargement remplit la cale.

Boulogne.

Pilotage.

(Décrets des 29 août 1854 et 14 décembre 1889).

Par tonneau de jauge.

			Entrée	Sortie
Navires à voiles.	chargés (1)		0.28	0.28
	sur lest		0.14	0.14
	en relâche		0.186	0.186
Vapeurs	non affectés à un service régulier.	chargés ou sur lest	0. 14	0. 14
		en relâche	0.093	0.093

par navire

	affectés à un service régulier.	Transportant passagers et marchandises.	12 fr.	12 fr.
		Transportant des passagers seulement	7.50	7.50

Par tonneau de jauge.

		Entrée	Sortie
Paquebots transatlantiques ayant un service au moins mensuel de passagers ou de marchandises.	Jusqu'à 1.000 tonneaux de jauge.	0.14	0.14
	De 1.001 à 1.300 tonneaux de jauge, pour les 300 tonneaux en plus de 1.000 tonneaux	0.03	0.03
	De 1.301 à 1.600 tonneaux de jauge, pour les 300 tonneaux en plus de 1.300 tonneaux	0.02	0.02
	De 1.601 tonneaux et au-dessus, pour les tonneaux en plus de 1.600 tonneaux.	0.01	0.01

(1) On considère comme navire chargé, tout navire ayant à bord des marchandises occupant plus du tiers de sa jauge officielle.

Dieppe.

Pilotage.

(Décret du 12 avril 1898).

			A l'entrée	Par tonneau de jauge.
Abordé en dedans des jetées.	Navires à voiles.		chargé (1).	0.12
			sur lest.	0.09
			en relâche.	0.09
	Navires à vapeur		chargé, sur lest, ou en relâche.	0.06
1re zone, petite rade, dans un rayon de trois milles de la jetée Ouest.	Navires à voiles.		chargé	0.24
			sur lest ou en relâche . .	0.18
	Navires à vapeur		chargé, sur lest, en relâche.	0.12
2e zone, grande rade, de la grande rade au delà d'un rayon de trois milles de la jetée Ouest.	Navires à voiles.		chargés.	0.36
			sur lest ou en relâche . .	0.18
	Navires à vapeur		chargés, sur lest, en relâche.	0.18

A la sortie

		A la sortie	
Navires à voiles.		chargés	0.18
		sur lest	0.12
Navires à vapeur	chargés ou sur lest.		0.09

Quand les navires en relâche reprennent la mer pour continuer leur voyage, ils paient le même pilotage à l'entrée qu'à la sortie, excepté quand, à l'arrivée, ils ont été abordés en dedans des jetées : dans ce cas, ils paient à la sortie la moitié du pilotage fixé pour la seconde zone.

(1) Un navire est considéré comme chargé quand il a au moins en marchandises 1/6 de sa jauge nette officielle,

Pilotage.

		A l'entrée	Par tonneau de jauge.
Navires à voiles.	chargés.	Dans les jetées. ...	0 fr. 08666
		En petite rade. . .	0 fr. 13
		A moins de 20 milles	0 fr. 26
		A plus de 20 milles, mais à moins de 40 milles	0 fr. 3466
		A plus de 40 milles.	0 fr. 39
Navires à voiles	sur lest ou en relâche.	Dans les jetées. . .	0 fr. 0433
		En petite rade. . .	0 fr. 065
		A moins de 20 milles.	0 fr. 13
		A plus de 20 milles, mais à moins de 40 milles	0 fr. 2166
		A plus de 40 milles.	0 fr. 26
Navires à vapeur	chargés ou sur lest.	Dans les jetées. . .	0 fr. 0433
		En petite rade. . .	0 fr. 065
		A moins de 20 milles	0 fr. 13
		A plus de 20 milles, mais à moins de 40 milles	0 fr. 1733
		A plus de 40 milles,	0 fr. 195

		Par tonneau de jauge.
	Dans les jetées. . .	0 fr. 0216
	En petite rade . . .	0 fr. 0325
Navires à vapeur en relâche.	A moins de 20 milles	0 fr. 065
	A plus de 20 milles, mais à moins de 40 milles	0 fr. 1083
	A plus de 40 milles.	0 fr. 13

A la sortie :

		Par tonneau de jauge.
Navires à voiles.	chargés.	0 fr. 13
	sur lest ou en relâche. . .	0 fr. 0866
Navires à vapeur.	ch argés ou sur lest.	0 fr. 065
	en relâche.	0 fr. 0433

Marées ordinaires : 3 francs par 12 heures passées à bord.

En outre, il est perçu, sur le montant total du pilotage, 1/2 0/0 pour le salaire du Pilote-major.

Pilotage.

Le pilotage de la mer à Rouen est divisé en *deux stations* :

1re Station. — *Station de Quillebeuf.*

Limite d'amont : pour les navires descendant la Seine, feu de Quillebeuf.

Limite d'amont : pour les navires montant la Seine, maison Poultier.

Limite d'aval : une ligne passant par le centre de Villerville et le phare de la jetée N. O. du Havre.

Les taxes de pilotage de la station de Quillebeuf sont majorées de 2 0/0 au profit de la Chambre de commerce de Rouen.

La taxe d'embarquement du pilote est de 10 francs, celle de débarquement de 5 francs.

2e Station. — *Station de Villequier.*

Limite d'amont : le port de Rouen.

Limite d'aval : pour les navires descendant la Seine, le feu de Villequier.

Limite d'aval : pour les navires montant la Seine, la maison Poultier.

La station de Villequier est subdivisée en deux sections ;

L'une de Villequier à la Mailleraye pour laquelle le pilotage est obligatoire.

L'autre de la Mailleraye à Rouen pour laquelle il n'est pas obligatoire.

2 0/0 sont toujours ajoutés aux taxes de pilotage de la station de Villequier pour le Pilote-major.

Vapeurs
Voiliers remor-
    qués   } payent suivant les tarifs ci-après.
Navires sur lest.

Les navires à voiles qui ne sont pas remorqués payent le double des tarifs ci-après.

Les navires ayant à bord plus du 1/6 de leur tonnage net légal, sont considérés comme chargés.

Tarif pour la station de Quillebeuf.

Vapeurs ou navires à voiles remorqués.

TONNAGE DES NAVIRES	Du port du Havre au port de Rouen	De la petite rade du Havre	De la mer
		à la limite d'amont de la station de Quillebeuf (Maison Poultier)	
	francs	francs	francs
Jusqu'à...20 tonneaux ...	18 »	21 »	22 50
De 21 à 30 »	18 »	22 »	24 »
31 à 40 »	18 »	23 »	25 50
—	—	—	—
- 191 à 200 »	63 »	84 »	94 50
—	—	—	—
1991 à 2000 »	498 »	664 »	747 »

Tarif pour la station de Villequier.

Vapeurs ou navires à voiles remorqués.

Tonnes	Francs	Tonnes	Francs
Jusqu'à 80 tonneaux.	6 50	De 491 à 500 tonn..	33 90
De 81 à 90 »	7 25	— —	—
91 à 100 »	7 90	801 à 810 »	50 90
— —	—	— —	—
301 à 310 »	21 25	1991 à 2000 »	110 40
— —	—		

Exemple de calcul d'un pilotage.

De la mer à Rouen.

Supposons un navire de 1.000 tonneaux de jauge nette, abordé en mer et montant à Rouen :

Pilotage obligatoire	De la mer à Villequier jusqu'à la limite de la station de Quillebeuf	fr. 409 50
	Embarquement du pilote. . .	» 10
	Débarquement du pilote . . .	» 1
	2 0/0 sur le montant du pilotage (420 fr. 50) pour la chambre de commerce de Rouen.	» 8 40
	De Villequier à la Mailleraye .	» 60 40
Non obligatoire	De la Mailleraye à Rouen. . .	» 50
	Mouvement dans le port . . .	» 13
	A reporter	fr. 552 30

Report.	fr. 552	30
2 0/0 sur le montant du pilotage de Villequier et de laMailraye à Rouen, pour le Pilote-major à Rouen (123 fr. 40).	»	2 47
Total.	fr. 554	77

De Rouen à la mer.

Non obligatoire {	De Rouen à la Mailleraye. . .	fr.	50
	La Mailleraye à Villequier . .	»	60 40
	2 0/0 pour le pilote-major de Rouen	»	2 20
	De Villequier à la limite aval de la station de Quillebeuf (Port du Hâvre).	»	273
	Débarquement du pilote . . .	»	5
	2 0/0 sur le montant du pilotage de la station de Quillebeuf (278 fr.) pour la chambre de commerce de Rouen.	»	5 56
	Total.	fr.	396 16

Tarif de pilotage de la Mailleraye à Rouen
(Non obligatoire).

Pour un navire de 70 tonneaux et au-dessous . .	fr.	20
— de 71 à 100 tonneaux.	»	25

Pour un navire de 101 à 200 tonneaux. . . . . . . fr. 30
  —   de 201 à 300 — . . . . » 35
  —   de 301 à 400 — . . . . » 40
  —   de 401 à 500 — . . . . » 45
  —   de 501 et au-dessus . . . . » 50

Mouvements dans le port de Rouen.

Pour un navire jusqu'à 200 tonneaux . 5 fr.
  —   de 201 à 1000 tonneaux
      pour chaque 100 ton-
      neaux . . . . 1 fr. en plus
De Rouen au Croisset ou Dieppedale et
vice-versa, jusqu'à 200 tonneaux. . . 10 fr.
Jusqu'à 1000 tonneaux, pour chaque
100 tonneaux. . . . . 2 fr. en plus
De Rouen à la Bouille et vice-versa, jusqu'à 200 tonneaux . . . . 15 fr.
Jusqu'à 1000 tonneaux, pour chaque 100
tonneaux . . . . 2 fr. en plus
De Rouen à Duclair et vice-versa, jus-
qu'à 200 tonneaux . . . . 20 fr.
Jusqu'à 1000 tonneaux pour chaque 100
tonneaux. . . . . 3 fr. 35 en plus

Honfleur.

Pilotage.

A l'entrée.

	Par tonneau de jauge.
Navire à voiles abordé dans le Chenal. . . .	fr. 0 087
— — en petite rade	» 0 195
— — en grande rade. . . .	» 0 26
— — dans un rayon de 13 à 14 milles de la Hève .	» 0 347
— — au delà de 40 milles de la Hève	» 0 39

Les vapeurs chargés (1) ou sur lest . . . . ⎫
Les voiliers sur lest ou en re-lâche . . . . ⎬ paient la moitié de ce tarif.
 ⎭

A la sortie.

Navire à voiles chargé.	fr. 0 173
Navire à voiles sur lest ou sor-tant en relâche. . . . . ⎫	» 0 13
Vapeur chargé ou sur lest. . ⎭	
Une marée	» 3

Les salaires sont majorés de 4 0/0 pour les émoluments du Pilote-major.

| Pilotage d'un bassin dans un autre, par navire | » 6 |
| —   dans l'avant-port ou vice-versa . . . . . . | » 3 |

(1) Sont considérés comme chargés les navires ayant en marchan-dises plus de 1/20 de leur jauge nette légale.

Saint-Nazaire.

Pilotage.

Le pilotage est compté sur le tonnage net et suivant des distances dues au pilote selon le tableau ci-dessous et d'après les prix du tarif n° 2.

Les voiliers de 80 tonneaux et au-dessus ainsi que les vapeurs de 100 tonneaux et plus, sont assujettis au pilotage.

Les navires à vapeur se servant de leurs machines paient la moitié du tarif intégral.

Les voiliers remorqués ne paient que les 3/4 du pilotage, en dedans d'une ligne tirée du Croisic au Pilier et passant par Le Four.

Tout bâtiment sortant et rentrant au port par force majeure ou vent contraire, ne paie que la moitié du pilotage.

Tout pilote, à la sortie, doit conduire le navire en dehors de la ligne Nord et Sud tirée du Pilier à Banche.

Le pilotage de sortie est toujours compté à raison de quatre distances.

Toute fraction d'une distance parcourue, rend le droit exigible pour la distance entière.

Calcul des distances.

Distance

1° De Quiberon au Four 4

Du Four aux Charpentiers. 2

Des Charpentiers à la Bonne-Anse. 1

De la Bonne-Anse à Saint-Nazaire 1

Total . . 8

2° De 9 milles au large de Belle-Ile (applicable
aux navires de 200 tonneaux et au-dessus) . . 1

de Belle-Ile	au nord du Four à la Banche au Pillier.	4

Du Nord du Four De la Banche Du Pilier	aux Charpentiers.	2

Des Charpentiers à la Bonne-Anse. 1

De la Bonne-Anse à Saint-Nazaire 1

Total . . 9

3° De l'île d'Yeu au Pilier 4

Du Pilier aux Charpentiers 2

Des Charpentiers à la Bonne-Anse 1

De la Bonne-Anse à Saint-Nazaire. 1

Total . . 8

En dehors de ces parcours, il en est d'autres comptés
comme suit :

Du Four De la Banche	à Painchateau	1

De Painchateau aux Charpentiers. . . .   1

De Belle-Ile aux Cardinaux.   2

Des Cardinaux au Four   2

De Quiberon à deux milles en dehors de
     la Teignouse   1

Du Pilier à la Lambarde.   1

De la Lambarde aux Charpentiers. . . .   1

Tarif n° 2. — Pour une distance.

Tonnage net	Entrée	Sortie	Tonnage net	Entrée	Sortie
80	7.78	7	260	20.28	11.50
90	8.48	7.25	270	20.87	11.75
100	9.17	7.50	280	21.56	12
110	9.85	7.75	290	22.25	12.25
120	10.56	8.	300	23.03	12.50
130	11.28	8.25	310	23.72	12.75
140	11.93	8.50	320	24.41	13
150	12.67	8.75	330	25.10	13.25
160	13.33	9	340	25.79	13.50
170	14.03	9.25	350	26.48	13.75
180	14.73	9.50	360	27.17	14
190	15.41	9.75	370	27.86	14.25
200	16.13	10	380	28.55	14.50
210	16.82	10.25	390	29.25	14.75
220	17.41	10.50	400	29.95	15
230	18.10	10.75	410	30.40	15.25
240	18.89	11	420	30.96	15.50
250	19.59	11.25	430	31.52	15.75

Tonnage net	Entrée	Sortie	Tonnage net	Entrée	Sortie
440	32.08	16	630	40.48	20.75
450	32.64	16.25	640	40·76	21
460	33.20	16.50	650	41.04	21.25
470	33.76	16.75	660	41.32	21.50
480	34.32	17	670	41.60	21.75
490	34.88	17.25	680	41.88	22
500	35.44	17.50	690	42.16	22.25
510	35.86	17.75	700	42.44	22.50
520	36.28	18	710	42.72	22.75
530	36.70	18.25	720	43	23
540	37.12	18.50	730	43.28	23.25
550	37.54	18.75	740	43.56	23.50
560	37.96	19	750	43.78	23.75
570	38.38	19.25	760	44.06	24
580	38.80	19.50	770	44.34	24.25
590	39.22	19.75	780	44.62	24.50
600	39.64	20	790	44.90	24.75
610	39.92	20.25	800	45.18	25
620	40.20	20.50			

A l'entrée. — De 800 tonneaux et au-dessus les navires paient 1 fr. 11 pour 8 distances et pour 10 tonneaux ou fraction, ce qui équivaut à 0 fr. 1387 pour une distance et par 10 tonneaux.

A la sortie. — De 80 tonneaux et au-dessus les navires paient 1 franc par 10 tonneaux et par 4 distances.

Pilotage de la Rade aux Bassins et vice-versa.

Navires de 80 à 150 tonneaux. . . 10 fr.
          151   300   —   . . . 15 »
          301   450   —   : . . 20 »
          451   600   —   . . . 25 »
          601   750   —   . . . 30 »
          751   900   —   . . . 35 »
          901 1050   —   . . . 40 »
         1051 1200   —   . . . 45 »
         1201 1350   —   . . . 50 »
         1351 1500   —   . . . 55 »
         1501 1650   —   . . . 60 »
         1651 1800   —   . . . 65 »
         1801 1950   —   . . . 70 »

et ainsi de suite au taux de 5 francs par 150 tonneaux.

Exemple pour calculer un pilotage.

Entrée.— Soit un navire de 1000 tonneaux de jauge, accosté à plus de 9 milles de Belle-Ile.

Pour 800 tonneaux et 9 distances   fr. 45 18 $\times$ 9 = fr. 406 62
Pour 200 tonneaux et 9 distances   0 fr 1387 $\times$ 9 $\times$ 20 =   24 95
      1000 tonneaux.
De la rade au bassin.   40
Pour un voilier :   total. . . . . ,   471.58
Pour un vapeur. 285.79

Sortie. — Le même navire paiera :

Pour 800 tonneaux et 4 distances . . . . fr. 25 $\times$ 4 = fr. 100
Pour 200   . .   »   »   1 $\times$ 20 =   20
Du bassin à la rade   40
Pour un voilier :   total. . . . . fr.   160
Pour un vapeur.   80

Nantes.

Pilotage.

Le pilotage pour Nantes se décompose en trois parties :

1° Le pilotage de la mer à Saint-Nazaire ;

2° Le pilotage de Saint-Nazaire à Paimbœuf ;

3° Le pilotage de Paimbœuf à Nantes.

Le pilotage de la mer à Saint-Nazaire se compte comme pour ce port (Voir page 209).

Celui de Saint-Nazaire à Paimbœuf est calculé à raison de *deux* distances : de Saint-Nazaire à Saint-Nicolas et de Saint-Nicolas à Paimbœuf, et d'après le tarif 2 du port de Saint-Nazaire.

Enfin, le pilotage de Paimbœuf à Nantes est établi suivant le tarif n° 5 ci-après, pour les navires de 80 tonneaux et au-dessus et suivant le tarif n° 4 pour les navires de moins de 80 tonneaux et d'un tirant d'eau de 2 m. 30 et au-dessus.

Les bâtiments de 80 tonneaux et au-dessus, armés au cabotage, lorsqu'ils sont sur lest ne paient que les 2/3 du tarif n° 5.

Sont considérés sur lest, les navires qui n'ont en marchandises qu'un nombre de tonneaux égal ou inférieur au dixième de leur jauge légale.

Lorsqu'un voilier est remorqué par un remorqueur de la Loire, il ne paie que les 3/4 du tarif.

S'il est remorqué par un vapeur, il ne paie que la moitié du tarif, mais le décompte du vapeur est établi d'après le tarif intégral.

Les navires de 50 tonneaux et au-dessus, même sur lest, paient pilotage entier entre Paimbœuf et St-Nazaire et vice-versa.

Tout pilote a droit, outre son pilotage, à une indemnité de 6 francs par jour pour chaque journée passée à bord au delà des délais ci-dessous :

Lorsque pilotant un navire à voiles il emploie plus de :

6	jours	de Nantes à	St-Nazaire
5	—	—	Paimbœuf
3	—	—	Coueron ou au Pellerin
2	—	—	Basse-Indre
5	—	de la Basse-Indre à	St-Nazaire
4	—	—	Paimbœuf
3	—	de Coueron ou du Pellerin à	—
2	—	—	St-Nazaire
1	—	pour changement de place	

Pour les vapeurs, ces délais sont réduits de moitié et pour les bâtiments remorqués d'un quart.

Le nombre de jours commence à compter du moment où le navire appareille et prend fin le jour du mouillage à destination.

Tarif n⁰ 4.

Pour navires n'excédant pas 80 tonnes de jauge avec un tirant d'eau de 2 m. 30 et au-dessus.

Tirant d'eau.		De Nantes à Paimbœuf et vice-versa.	De Nantes à la Basse-Indre et vice-versa.	De Nantes au Coueron. De Paimbœuf au Pellerin et vice-versa.	De Nantes au Pellerin. De Paimbœuf au Coueron et vice-versa.	De Paimbœuf à la Basse-Indre et vice-versa.
mètres.	pieds.	francs.	francs.	francs.	francs.	francs.
2.30	7.546	17.»»	6.60	8.50	10.40	12.30
2.40	7.874	19.40	7.80	9.70	11.70	13.50
2.60	8.530	21.70	9.»»	10.90	12.70	15.30
2.80	9.186	25.60	10.30	12.80	15.30	17.80
3.»»	9.842	29.80	12.40	14.90	17.40	20.»»
3.20	10.498	34.40	14.70	17.20	19.70	22.40
3.40	11.155	39.50	17.70	20.20	22.80	25.20
3.60	11.811	44.80	21.30	23.70	26.40	28.80

Tarif n° 5.

Pour navires de 80 tonneaux et au-dessus.

Tonnage.	De Nantes à Paimbœuf et vice-versa.	De Nantes à la Basse-Indre De Paimbœuf à Lavaud et vice-versa.	De Nantes au Coueron. De Paimbœuf au Pellerin et vice-versa.	De Nantes au Pellerin. De Paimbœuf au Coueron et vice-versa.	De Paimbœuf à la Basse-Indre et vice-versa.
tonnes.	francs.	francs.	francs.	francs.	francs.
De 80 à 90 t.	36.10	14.30	18.10	20.80	25.70
» 91 à 100 »	37.60	15.»»	18.80	22.60	26.50
» 101 à 110 »	39.10	15.70	19.50	23.30	27.20
» 111 à 120 »	40.50	16.70	20.30	24.»»	27.90
» 121 à 130 »	42.10	17.20	21.»»	24.60	28.70
» 131 à 140 »	43.10	17.70	21.50	25.50	29.20
» 141 à 150 »	44.90	18.70	22.50	26.40	30.10
» 151 à 160 »	46.70	19.50	23.40	27.30	31.10
» 161 à 170 »	48.50	20.30	24.30	28.20	31.90
» 171 à 180 »	50.40	21.40	25.20	29.10	32.90
» 181 à 190 »	52.20	22.30	26.»»	30.»»	33.70
» 191 à 200 »	54.»»	23.20	27.»»	30.90	34.60
» 201 à 210 »	57.40	24.80	28.80	32.80	36.50
» 211 à 220 »	59.40	25.70	29.60	33.60	37.50
» 221 à 230 »	61.20	26.60	30.70	34.60	38.50
» 231 à 240 »	63.10	27.60	31.60	35.60	39.40
» 241 à 250 »	65.»»	28.60	32.40	36.30	41.20
» 251 à 260 »	66.90	29.40	33.40	37.10	43.10
» 261 à 270 »	68.70	30.30	34.30	38.10	45.»»
» 271 à 280 »	70.60	31.30	35.30	39.10	46.80
» 281 à 290 »	72.50	32.20	36.20	40.80	49.»»
» 291 à 300 »	74.30	33.20	37.20	42.70	51.10
» 301 à 310 »	76.10	34.10	38.10	44.50	53.30
» 311 à 320 »	78.»»	35.10	39.30	46.50	55.40
» 321 à 330 »	79.90	35.90	39.90	48.30	57.60
» 331 à 339 »	81.80	36.90	40.80	50.20	59.80
» 340 à	94.»»	41.80	47.»»	56.20	65.30

Au-dessus de 340 t. de jauge, 0 fr. 25 en plus par tonne de jauge.

Exemple de calcul d'un pilotage pour un navire de 1000 tonneaux de jauge nette.

A l'entrée : de la mer à Nantes.

De la mer à St-Nazaire (voir ce port, p. 209)	fr. 431 58
De St-Nazaire à Paimbœuf, 2 dist., tarif n° 2 (p. 211)	» 95 90
A reporter...	» 527 48

Report	fr.	527 48
De Paimbœuf à Nantes (tarif n° 5)		
pour 340 tonneaux	«	94
660 tonneaux à 0,25	«	165
— 1000 tonneaux		

Total pour un voilier fr. 786 48

Dont la moitié pour un vapeur fr. 393 24

A la sortie : ce même navire paierait :

De Nantes à Paimbœuf (comme à l'entrée)	fr.	259
De Paimbœuf à St-Nazaire (comme à l'entrée)	«	95 90
De St-Nazaire à la mer (4 dist., tarif de St-Naz., p. 00)	»	120

Total pour un voilier fr. 474 90

Dont la moitié pour un vapeur fr. 237 45

Changement de place des navires.

1° Pour le port de Nantes et les rades de Nantes à Paimbœuf :

Pour navires :

De	80 à 150 tonneaux	6 fr.
	151 300 —	9 »
	301 450 —	12 »
	451 600 —	15 »
	601 750 —	18 »
	751 900 —	21 »
	901 1050 —	24 »

et ainsi de suite, en augmentant de 3 francs par chaque 150 tonneaux.

2° Pour Paimbœuf et autres ports ou rades du sous-arrondissement de Nantes :

Pour navires :

De 80 à 150 tonneaux. . . . . 10 fr.

  151 300   --   . . . . 15 »

  301 450   —   . . . . 20 »

  451 600   —   . . . . 25 »

  601 750   —   . . . . 30 »

et ainsi de suite, en augmentant de 5 francs par chaque 150 tonneaux.

La Rochelle.

Pilotage.

Tonnage des navires.	De la mer à la rade de la Pallice et vice-versa.	De la rade de la Pallice au port de la Pallice et vice-versa.	De la rade de la Pallice au port de la Rochelle.	Du port de la Rochelle à la mer.
	francs.	francs.	francs.	francs.
Jusqu'à 100 tonneaux........	24	10	20	40
De 101 à 150 tonneaux..	34	15	30	60
» 151 à 200 » ..	44	20	40	75
» 201 à 250 » ..	54	24	48	90
» 251 à 300 » ..	64	28	56	105
» 301 à 400 » ..	71	32	64	124
» 401 à 500 » ..	78	36	72	140
» 501 à 600 » ..	85	40	80	150
» 601 à 700 » ..	92	44	88	160
» 701 à 800 » ..	97	48	96	170
» 801 à 900 » ..	102	52	104	180
» 901 à 1000 » ..	107	55	110	190
Au- dessus de 1000 tonneaux, par tonneau ....,...	0.05	0.03	0.05	0.10

Les navires à voiles sur lest, remorqués ou non, paient la moitié des prix fixés par les tarifs.

Est considéré comme chargé tout voilier qui porte des marchandises occupant plus du quart de sa jauge officielle.

Les vapeurs chargés ou sur lest paient la moitié des tarifs ci-dessus.

Bordeaux.

Pilotage.

(Décrets du 3 mars 1858 et du 6 mai 1898).

Le pilotage de la mer à Bordeaux est divisé en trois stations :

1° La station de l'embouchure de la Gironde ;
2° La station de Pauillac ;
3° La station de Bordeaux.

La station de l'embouchure de la Gironde est limitée :
A la *montée* : par une ligne passant par Luzac, le moulin
Dedone et finissant à l'extrémité S. E. de la rade de Ver-
don.
A la *descente* : par les dernières bouées dans les passes
Sud et Nord qui marquent les derniers dangers.

Station de Pauillac : ses limites s'étendent de la mer à
Bordeaux.

La station de Bordeaux est comprise entre la rade de
Bordeaux et le pont de la rue Beuse.

Le pilotage de la mer à Bordeaux et vice-versa, est payé
par les navires *simultanément* d'après leur tirant d'eau et
d'après leur *jauge nette*.

Tirant d'eau.

Voiliers.	De la mer à Royan ou Verdon et vice-versa.		De Royan ou du Verdon à Pauillac et vice-versa.	De Pauillac à Bordeaux et vice-versa.
	Du 1er octobre au 31 mars.	Du 1er avril au 30 septembre.		
	francs.	francs.	francs.	francs.
Par décimètres de tirant d'eau ou fractions de décimètres comptés par dizaines.....	2	1.40	1	1.40
De 3.01 à 3.10.......... .	62	43.40	31	43.40
3.20	64	44.80	32	44.80
5.10	102	71.40	51	71.40
7.50	150	105	75	105

Les steamers paient la moitié de ce tarif.

Tonnage.

Par tonneau de jauge nette. Voiliers.	De la mer à Royan ou Verdon et vice-versa.		De Royan ou du Verdon à Pauillac et vice-versa.	De Pauillac à Bordeaux et vice-versa.
	Du 1er octobre au 31 mars.	Du 1er avril au 30 septembre.		
	francs.	francs.	francs.	francs.
1 tonne....................	0.11	0.08	0.08	0.08
2 »	0.22	0.16	0.16	0.16
3 »	0 33	0.24	0.24	0.24
100 »	11	8	8	8
Steamers.				
1 tonne....................	0.03	0.02	0.02	0.025
2 »	0.06	0.04	0.04	0.05
3 »	0.09	0.06	0.06	0.075
100 »	3	2	2	2

Il est dû 6 jours de planche pour la montée d'un navire

de la mer à Bordeaux, soit 3 jours de la mer à Pauillac et 3 jours de Pauillac à Bordeaux.

Il est dû au pilote pour séjour forcé à bord d'un navire, par jour. . . . .   6 fr.

Pour location d'une chaloupe avec 2 hommes .   16 fr.

    —   —   1   — .   11 fr.

Cette.

Pilotage.

(Décret du 19 février 1893 et 12 décembre 1897).

Le service du pilotage est divisé en deux lignes d'opérations :

La première, fixée à 6 milles des passes pendant le jour et à 3 milles pendant la nuit.

La deuxième, fixée à 3 milles des passes pendant le jour seulement.

Pilotage obligatoire.

Par tonneau de jauge.

Entrée.

Navires provenant d'un port situé en dehors du détroit de Gibraltar et du canal de Suez . . .	Voiliers . . fr. 0 12	
	Vapeurs . . » 0 07	
Navires provenant du cabotage en dehors de ces points.	Voiliers . . » 0 07	
	Vapeurs. . . » 0 05	

Sortie.

Voiliers . . . . fr. 0 06

Vapeurs . . . . » 0 03

Pilotage facultatif.

A l'entrée, en outre des droits ci-dessus, les navires acceptant l'assistance des pilotes paient :

Par tonneau
de jauge.

Le jour.
- Voiliers . . . . fr. 0. 25 — En dehors de la 1re ligne
- Vapeurs . . . . » 0.125 (6 milles).
- Voiliers . . . . » 0. 15 — Entre la 1re et la 2e ligne
- Vapeurs . . . . » 0.075 (de 6 à 3 milles).
- Voiliers. . . . » 0. 08 — Entre la 2e ligne et les
- Vapeurs . . . . » 0. 04 passes (moins de 3 milles).

La nuit.
- Voiliers . . . . » 0. 25 — En dehors de la 1re ligne
- Vapeurs . . . . » 0.125 (3 milles).
- Voiliers . . . . » 0. 10 — Entre la 1re ligne et les
- Vapeurs . . . . » 0. 05 passes (moins de 3 milles).

Les navires pris en dedans des passes paient seulement le droit d'amarrage de 4 francs.

Marseille.

Pilotage.

(Décrets des 23 juillet 1859, 15 février 1802, 8 mars 1892 et 8 mars 1889).

			Par tonneau de jauge.	
			Entrée	Sortie
En dehors de la 1re ligne.	de Rion passant par Planier pour aboutir à Carry.	Voiliers .	0.22	0.15
		Vapeurs .	0.11	0.075
Entre la 1re et la 2e ligne.	De la Pointe-Rouge de Montredon passant par le cap Cavaux, l'île de Dornigue pour aboutir au cap Mejan.	Voiliers .	0.165	0.1125
		Vapeurs .	0.0825	0.056.
Abordé 30 minutes avant le lever ou après le coucher du soleil.	Voiliers	En dehors de la 1re ligne.		0.24
		Entre les deux lignes. .		0.18
	Vapeurs	En dehors de la 1re ligne.		0.13
		Entre les deux lignes. .		0.0975

Tout navire entrant à Bouc paie le pilotage, suivant le tarif de Marseille.

Tout navire à destination de Marseille relâchant à Bouc, paie le droit entier à l'entrée comme à la sortie ; mais il ne paiera que demi-droit à Marseille.

Tout navire qui relâche à Bouc paie le droit entier à la sortie de Marseille et le demi-droit à l'entrée et à la sortie de Bouc.

Les vapeurs français commandés par des capitaines ayant le brevet de pilote de Marseille, sont dispensés des droits de pilotage, à moins qu'ils n'aient réclamé un pilote.

Alger.

Pilotage.

(Décrets du 23 mars 1886 et du 20 janvier 1893).

	Vapeurs	Voiliers
A l'entrée, par tonne de jauge.	0 fr. 02	0 fr. 04
A la sortie, —	0 fr. 01	0 fr. 02
Navire en relâche, à l'entrée et à la sortie.	0 fr. 02	
Changement de mouillage par navire		6 fr.
Amarrage.		10 fr.

CONCLUSION.

Nous avons par avance justifié l'institution du pilotage, en montrant les services importants que les pilotes rendent à la navigation et ceux qu'ils peuvent être appelés éventuellement à rendre à l'État. Nous ne croyons pas que l'examen que nous venons de faire des tarifs du pilotage puisse apporter une restriction quelconque à l'opinion que nous avons de cette institution, surtout quand nous aurons dit que pour tous les dangers auxquels ils sont exposés et pour tous les services qu'ils rendent, les pilotes reçoivent, au Havre par exemple, une rémunération annuelle d'environ 8.000 francs par an en moyenne. La navigation et l'État ont un intérêt trop majeur à l'existence de bons pilotes, pour qu'on puisse ne point désirer plutôt l'amélioration de leur sort que son aggravation.

CHAPITRE III

SECTION I. — **But et nécessité.**

Le capitaine d'un navire qui arrive dans un port a besoin d'un intermédiaire, soit pour le conduire auprès des diverses autorités maritimes, soit pour la traduction des pièces du bord écrites en langue étrangère, soit pour l'interprétation orale des observations qu'il peut avoir à faire au cours de ses opérations de débarquement et d'embarquement. Ce rôle est attribué en France aux Courtiers maritimes, appelés par nos lois « Courtiers conducteurs et interprètes de navires ».

Leur création remonte à un édit de décembre 1657 : mais cet édit fut si mal exécuté qu'un arrêt du conseil du 27 octobre 1663 dut confirmer l'institution.

D'après Bédarride, le Gouvernement de l'Ancien Régime obéit en cela à une pensée d'ordre public et d'intérêt général. La nécessité, surtout pour les capitaines étrangers, d'un intermédiaire sûr qui les mette en rapport avec l'administration, qui leur trace les formalités à suivre et les remplisse même en leur nom, ne pouvait être méconnue. Or, abandonner ces fonctions au premier venu, c'était livrer les capitaines à des individus peut-être sans moralité, les exposer à des suggestions perfides ou leur fournir le moyen de ne faire que des déclarations mensongères, et favoriser ainsi la fraude et la contrebande au préjudice du Trésor public (L. Lanfry, *Mémoire sur la nomination des courtiers dans les colonies*, Paris, Challamel, 1887, p. 8).

Le but de l'institution est donc double : protéger le commerce maritime et défendre les intérêts du Trésor. Il a dû être rempli d'ailleurs à la satisfaction de tous avant la Révolution, car l'ordonnance d'août 1681 qui en réglait les détails, n'a subi que peu de modifications, même dans notre droit moderne.

Trois articles de cette ordonnance définissent bien les fonctions du courtier maritime et leurs limites.

Art. 2. — Interpréteront dans les sièges d'amirauté, privativement à tous autres, chartes-parties, connaissements, contrats et tous actes dont la traduction sera nécessaire.

Art. 3. — Serviront aussi de truchement à tous étrangers, tant maîtres de navires que marchands, équipages de vaisseaux et autres personnes de mer.

Art. 14. — Les maîtres et marchands qui voudront agir par eux-mêmes, ne seront tenus de se servir d'interprètes ni de courtiers.

Aux termes de ce dernier article, les courtiers avaient un monopole, sauf en ce qui concerne les maîtres de navires et marchands voulant agir par eux-mêmes. Ce monopole, comme aujourd'hui, leur fut à cette époque contesté, mais des lettres patentes du 10 juillet 1776 le leur confirmèrent dans des limites que nous examinerons plus loin, car la même contestation s'est reproduite de nos jours et a été tranchée par la Jurisprudence et la Doctrine, d'après les mêmes principes.

La loi des 2-17 mars 1791 (art. 2) supprima à partir du
1ᵉʳ avril 1791 « les offices ... des agents de change et tous
autres offices pour l'inspection et les travaux des Arts et
du Commerce ». Mais, pour ménager la transition et ne
pas trop troubler le commerce, le 30 mars 1791, l'Assemblée nationale les autorisa à continuer leurs fonctions jusqu'au 15 avril 1791. Ce répit provisoire de 15 jours dura,
en fait, jusqu'au décret du 8 mai 1791 dont l'article 1ᵉʳ est
ainsi conçu :

> Les offices et commission d'agents et courtiers de change, de ban-
> que, de commerce et d'assurances tant de terre que de mer, conduc-
> teurs-interprètes dans les ports de mer tant français qu'étrangers et
> autres, de quelque nature et sous quelque dénomination qu'ils aient
> été créés, sont supprimés à compter du jour de la promulgation du
> présent décret. »

La profession de courtier maritime devint libre, moyennant toutefois le respect d'une réglementation. Ainsi, l'article 7 de la loi leur défendait de faire pour leur compte
aucune espèce de commerce. C'était le maintien de l'article 13 du titre précité de l'ordonnance de 1681 ainsi conçu :
« Les interprètes et courtiers ne pourront faire aucun né-
goce pour leur compte, ni même acheter aucune chose des
maîtres qu'ils serviront, à peine de confiscation des marchandises et d'amende arbitraire. »

La liberté engendra les abus les plus graves. Les Bourses de commerce furent encombrées d'agents interlopes à
la recherche d'affaires et courant au devant des capitaines
étrangers dont les navires se dirigeaient vers nos ports.
La liberté avait donc bien faussé l'institution, car l'arti-

cle 11 du titre précité de l'ordonnance de 1681, prévoyant
ces abus qui déjà s'étaient fait jour sous l'Ancien Régime
disait :

> Faisons en outre défense, à peine de 30 livres d'amende aux cour-
> tiers interprètes d'aller au devant des vaisseaux soit aux rades, soit
> dans les canaux et rivières navigables, pour s'attirer les maîtres, ca-
> pitaines ou marchands qui pourront choisir qui bon leur semblera.

Le commerce éleva de tous côtés les plaintes les plus
vives et demanda le retour au monopole. Dans son rapport
au Corps législatif, lors de l'élaboration de la loi du 28 ven-
tôse au IX sur les Bourses de commerce, Regnauld de
St-Jean d'Angély s'en fait l'écho en ces termes : « Les
banquiers, les négociants dont la moralité, la fortune, les
talents, à Paris comme dans nos places maritimes ou fa-
bricantes honorent et soutiennent le nom et le crédit français dans l'intérieur et chez l'étranger, hésitent à se livrer
à des spéculations, craignent de se montrer dans les lieux
qu'ils fréquentaient jadis, et où leur présence appelait le
négociant du lieu et le voyageur, animait la circulation,
éveillait l'industrie, favorisait les échanges. »

C'est donc à la demande du commerce lui-même que
les courtiers maritimes ont été rétablis comme les autres,
et si ces derniers ont dû être supprimés par la loi des 16-
24 mai 1866, les courtiers-maritimes ont vu leur privilège
maintenu jusqu'à nos jours, malgré des attaques renou-
velées dont nous aurons à mesurer et à apprécier la valeur.

SECTION II. — Qu'est-ce qu'un courtier maritime ?

M. Fabre, dans son ouvrage sur les courtiers le définit de la façon suivante (n° 243) : « Le courtier, interprète-conducteur de navires, ou courtier-maritime, est l'homme indispensable, le guide, l'aide obligé du navigateur français ou étranger, dans l'accomplissement de toutes les formalités d'entrée, de sortie ou de séjour dans les ports. » Le ministère du courtier est également utile aux administrations publiques. telles que douanes, octrois, etc. Il devient l'intermédiaire naturel entre ces administrations et les navigateurs de tous pays qui parlent toutes les langues, mais ignorent le plus souvent les prescriptions de la loi française, et à plus forte raison, les usages et les pratiques de chaque place commerciale et maritime.

Par conséquent, le rétablissement du courtier maritime a été inspiré du double motif qui l'avait fait créer sous l'Ancien Régime : intérêt du commerce et de l'État.

Nous ne ferons que décrire sommairement l'organisation du courtage maritime, car nous n'avons à nous en occuper qu'au point de vue des charges dont son service grève l'armement.

Nous allons immédiatement au devant d'une objection qui pourrait nous être faite et qui est la suivante : « Vous n'avez même pas besoin d'en parler, mais seulement de nous dire en quoi le courtage maritime grève l'armement ». Oui et non. Oui, si nous avions seulement l'intention de dire quelles sont ces charges. Non, car nous nous proposons ou de les justifier, ou de les critiquer selon les cas. Or, ce n'est que dans l'étude de l'organisation des courtiers maritimes, des services qu'ils doivent rendre à la navigation, de ceux qu'ils lui rendent en fait par surcroît, des garanties d'intelligence, d'aptitude et d'honorabilité que l'on réclame d'eux et enfin des sacrifices pécuniaires qui leur sont imposés pour l'exercice de leurs fonctions, que nous pourrons trouver les éléments de cette justification ou de ces critiques. Toutefois, nous méconnaissons d'autant moins la valeur de l'objection, que nous sommes bien résolu à lui sacrifier tout ce qui pourrait seulement paraître inutile, et à ne dire sur l'organisation des courtiers que ce qui nous semblera absolument indispensable pour atteindre le but que nous nous sommes fixé.

SECTION III. — Qui nomme le courtier ?

Le courtier maritime est un officier public nommé par le chef de l'État (Arrêté du 29 germinal an IX, 19 avril 1801, t. II, art. 5 et C. com., art. 74). Le courtier maritime a le droit de présenter son successeur.

SECTION IV. — Conditions de nomination.

Pour pouvoir être nommé courtier maritime, il faut :
1° Etre français ;

2° Avoir la jouissance des droits de citoyen français
(art. 7, arr. 29 germinal an IX). Le courtier maritime doit
déposer un cautionnement.

SECTION V. — **Moralité et aptitude**.

Tout failli ou tout individu, ayant fait abandon de bien,
ou atermoiement sans s'être depuis réhabilité est écarté des
fonctions de courtier maritime. Le candidat doit, en outre,
accomplir un stage dans un office de courtier maritime et
justifier de la connaissance qu'il a des langues qu'il veut
interpréter.

SECTION VI. — **Fonctions du courtier maritime**.

La loi de 1801 qui avait établi le monopole des courtiers
n'en avait pas déterminé les fonctions. Le décret du 12 décembre 1806 portant règlement sur le pilotage, déclare les
courtiers et consignataires de navires étrangers responsa-
bles du paiement des droits de pilotage d'entrée et de
sortie (art. 48). Le Code de commerce de 1808 est plus
explicite. Son article 80 décide : « Les courtiers interprètes
et conducteurs de navires font le courtage des affrètements ; ils ont, en outre, seuls le droit de traduire, en cas
de contestations portées devant les tribunaux, les déclarations, chartes-parties, connaissements, contrats et tous
actes de commerce dont la traduction serait nécessaire :

enfin, de constater le cours du fret ou nolis. Dans les affaires contentieuses du commerce et pour le service des douanes, ils serviront seuls de truchement à tous les étrangers, maîtres de navires, marchands, équipages de vaisseaux et autres personnes de mer. »

Ce texte distingue nettement parmi les fonctions du courtier, celles de traducteur de celles de truchement, et il leur réserve la première qualité en cas de contestations portées devant les tribunaux. Toute traduction de pièce de bord rentre dans l'office de truchement. Le pouvoir réglementaire, a tout d'abord admis cette interprétation dans une double circulaire du ministre du commerce en date du 1ᵉʳ août 1833, où la traduction du manifeste est expressément déclarée rentrer dans la conduite. Cette circulaire fixait, en conséquence trois tarifs différents pour la conduite, pour la traduction en cas de contestations prévues par l'article 80 du Code de commerce et pour l'affrètement. Deux ans plus tard, l'ordonnance du 14 novembre 1835 qui fixe les droits à percevoir par les courtiers maritimes s'inspira des mêmes idées et donna, des fonctions du courtier, une classification définitive. Elles comportent quatre sortes d'opérations :

La conduite des navires ;

L'affrètement ou le fret procuré ;

La vente des bâtiments ;

La traduction des documents écrits en langue étrangère, en cas de contestations prévues par l'article 80 du Code de commerce.

§ 1. — Conduite des navires.

A prendre à la lettre le dernier alinéa de l'article 80 du
Code de commerce, les courtiers maritimes ont le privilège exclusif de faire les opérations de conduite. Sous
l'empire de l'ordonnance de 1681 (art. 14), les maîtres et
marchands qui voulaient agir par eux-mêmes n'étaient
pas tenus de se servir d'interprètes ni de courtiers. Dans
le silence de notre Code, que faut-il conclure ? Le privilège
des courtiers existe-t-il même à l'égard des intéressés, capitaines et marchands ? La doctrine et la jurisprudence sont
d'accord sur un point : les intéressés peuvent agir seuls
quand ils parlent le français. La loi leur a donné un mandataire, leur a procuré un intermédiaire dans leur intérêt
plus encore que dans celui de l'État : s'ils croient pouvoir
se passer de cet intermédiaire, on ne peut guère le leur
imposer sans retourner contre eux cette protection. La
survivance de la réserve de l'ordonnance du mois d'août
1681, ne fait aucun doute notamment pour MM. Lyon-
Caen et L. Renault (*Précis de droit commercial*, t. I,
nᵒ 1554) pour M. Boistel (*Manuel de droit commercial*,
nᵒ 596), M. Jules Fabre (*Des Courtiers*, nᵒ 268), etc. La
Jurisprudence a également consacré cette manière de voir
dans de nombreux arrêts ; nous pouvons citer une décision
de la Chambre criminelle de la Cour de cassation du 27 décembre 1873 (D. P. 1875, 1, 89), une autre de la Chambre
des requêtes du 22 octobre 1890 et une de la Chambre civile du 1ᵉʳ août 1894.

Mais, à qui exactement profitera l'exception ?

Les personnes intéressées à agir par elles-mêmes sont : le capitaine, l'armateur, le consignataire unique de la cargaison, et, dans une opinion contestée, le consignataire unique de la coque.

A. — *Le capitaine.*

Le capitaine français peut agir par lui-même. La nécessité de recourir au courtier maritime ne s'impose donc pas, en principe, à l'armement français et cette exception constitue en sa faveur une véritable protection à l'égard de l'armement étranger. Il ne doit recourir à un courtier que s'il veut un intermédiaire ou s'il y est obligé en vertu de la charte-partie. Le capitaine étranger qui sait le français jouit du même privilège : il lui est même loisible, s'il comprend le français sans savoir l'écrire, de recourir à une tierce personne pour écrire le manifeste, pourvu qu'il présente ce document signé de lui ; puis il agira par lui-même après son dépôt et fera toutes les opérations de la conduite.

Dans son arrêt du 22 mars 1861, la Cour de Bastia, pour défendre cette thèse, rappelle que la liberté étant de droit commun, on ne peut admettre contre elle que les restrictions formulées expressément par la loi : or, ajoute l'arrêt, aucun texte de loi n'impose ni directement ni indirectement aux capitaines l'obligation d'écrire eux-mêmes leur manifeste : la signature seule est exigée...

La signature du capitaine suffit pour donner à son intervention la qualité de *personnelle* qu'exigeait l'ordonnance de 1681 pour toute franchise de courtage et que notre jurisprudence, d'accord avec la doctrine, impose encore, notamment, par un arrêt de la Cour de cassation du 27 décembre 1873 (D. P. 1875.1.89). L'intervention personnelle des parties intéressées est nécessaire : or, pour le capitaine, cette intervention résulte de la signature du manifeste, quand il s'agit de son dépôt.

Pour les autres démarches auprès des autorités, la présence en personne du capitaine comprenant et parlant le français suffira à donner à son intervention le caractère personnel. Aucune difficulté ne s'est non plus élevée pour les interprétations orales ; en cette matière, le ministère des courtiers maritimes est imposé d'une façon rigoureuse par le Code ; mais, les courtiers ont prétendu que leur intervention était indispensable pour la traduction des pièces autres que le manifeste. La jurisprudence s'est fixée dans un sens contraire pour la divisibilité de la conduite en matière de traduction de pièces. Ainsi, un manifeste a été traduit par un courtier : cette traduction n'emporte pas, pour le courtier, le droit de conduire, et le dépôt du manifeste, acte de conduite, peut être fait même par le consignataire unique de la cargaison.

« Attendu », dit un arrêt de la Cour de cassation du 22 janvier 1875 (D. P. 1876.1.331), « que si les lois ont dénommé le capitaine comme habile à remplir cette formalité, elles n'ont pas entendu néanmoins lui en imposer personnellement l'accomplissement à l'exclusion de tout autre ; qu'il est plus particulièrement désigné, mais qu'il n'a pas été dérogé par là au principe de droit commun déposé dans l'article 14, livre I, t. VII de l'ordonnance d'août 1681, qui réserve aux maîtres et marchands le droit d'agir par eux-mêmes ; attendu qu'il n'importe, quant à l'exercice de ce droit par le consignataire unique, que le capitaine du navire connaisse ou non la langue française ; que soit qu'il assiste, soit qu'il remplace le capitaine par le dépôt du manifeste à la douane, ce consignataire agit, non comme mandataire et représentant de celui-ci, mais par lui-même et pour la chose qui lui est consignée ; attendu que la circonstance, que dans l'espèce le manifeste avait été préalablement traduit de l'anglais en français par un courtier de la place de Bordeaux, ne rendait pas nécessaire le concours de cet officier public pour le dépôt de ce document, puisque cette opération *indépendante et distincte de la traduction officielle* a été effectuée par une personne capable de l'accomplir, rejette... ».

La même doctrine est confirmée par un arrêt de la Chambre civile du 24 février 1880 (D. P. 1881.1.65) où nous lisons :

« Attendu qu'il est bien vrai que l'ensemble des opérations qui constitue, lorsqu'un courtier en est chargé, le service qu'on appelle la conduite, est considéré par la loi, notamment par l'ordonnance du 14 novembre 1835 (art. 2, n° 1) comme indivisible, mais qu'en même temps il résulte de l'article 80 du Code de commerce et de l'ordonnance précitée, que le droit exclusif de traduction *écrite* attribué aux courtiers maritimes, est entièrement distinct du droit de servir de truchement, et que ce dernier seul a fait partie de la conduite du navire... »

Dans ces cas là, le courtier n'aura droit qu'à une vacation comme traducteur et non à une rémunération comme conducteur, ce qui diminue de beaucoup ce droit de port. Les courtiers ont naturellement réclamé, mais la Cour de Rouen, dans un arrêt du 19 février 1877, a fait justice de leur prétention basée sur ce que le tarif de 1838 ne prévoyait pas de taxe spéciale pour les traductions exigées par la douane, mais un droit unique pour toute la conduite. La Cour de Rouen a décidé que le courtier était tenu de faire la traduction, mais ne pouvait exiger le paiement du droit pour la conduite entière, d'abord au nom du principe de l'ordonnance de 1681, puis de cette règle qui impose au capitaine l'obligation de faire traduire les documents écrits en plusieurs langues par divers courtiers commissionnés pour chacune d'elles, si le même n'est pas autorisé à les interpréter toutes, sans que pour cela il soit tenu de payer à chacun d'eux le prix de la conduite entière. « Quand le tarif est muet, dit l'arrêt, la taxe doit se faire équitablement et en consultant les droits alloués pour les actes analogues, prévus par les tarifs. »

En résumé, dès qu'il y a un acte à traduire, le capitaine doit s'adresser au courtier autorisé à interpréter la langue dans laquelle cet acte est écrit, mais cette traduction écrite n'emporte pas, comme l'interprétation orale, le concours obligé d'un courtier maritime.

Le capitaine, d'autre part, peut agir par lui-même quand il sait notre langue, même s'il est étranger. Seulement, il ne faut pas perdre de vue le caractère personnel de cette franchise.

Dès qu'un capitaine, fût-il français, se fait accompagner par un courtier, il lui doit la conduite, participât-il d'ailleurs, à tous les actes. Valin faisait déjà remarquer au siècle dernier, combien l'avidité des courtiers et leur empressement intéressé à vouloir rendre service aux maî-

tres de navires annihilait en fait la franchise du courtage,
et l'ordonnance de 1681 dut leur interdire d'aller au devant des navires pour leur offrir leurs services. Le choix
du courtier doit, en effet, être absolument libre sauf lorsqu'il s'agit de faire interpréter une langue oralement ou
par écrit : dans ce cas, on est obligé de s'adresser au courtier autorisé à interpréter la langue en question : s'il n'y
en a pas, l'office des autres courtiers n'est pas imposé, car
le gouvernement ne garantit leur aptitude que pour des
langues déterminées.

Il va de soi que là où aucun office de courtier n'a été
établi, le capitaine pourra tout faire par lui-même en se
faisant assister par qui bon lui semblera.

Nous avons vu qu'à côté des maîtres, les marchands
étaient autorisés à agir par eux-mêmes, aux termes de l'ordonnance de 1681. Avant de déterminer ce qu'on entendait par marchands sous l'Ancien Régime, nous devons
faire remarquer que le caractère personnel de leur droit
d'intervention n'a pas, dans la pratique, subi d'exception.
L'on avait voulu pour soutenir le contraire, arguer d'une
clause du traité d'Utrecht, déclarant que les maîtres et
marchands pourraient dans tous les lieux de France, trai-
ter leurs affaires par eux-mêmes ou en charger qui bon
leur semblerait. Une formule analogue se retrouve dans le
traité franco-anglais du 26 septembre 1786 : mais Valin
avait fait remarquer que le fait de placer les sujets des
parties contractantes sur le pied de la réciprocité ne pou-

vait enchaîner la souveraineté de chacune d'elles. Or, la France ayant organisé des courtiers pour le cas où les intéressés ne peuvent agir par eux-mêmes, c'est parmi eux et parmi eux seulement, que le choix du mandataire des parties intéressées doit se fixer.

Les lettres patentes du 10 juillet 1776, ont confirmé cette interprétation, et les commissionnaires ou autres mandataires furent exclus de la conduite.

La même prétention s'est manifestée de nos jours chez certains capitaines anglais, et l'arrêt de la Cour suprême du 25 février 1895 (D. P. 1895,1,397), l'a repoussée au nom des mêmes principes.

« Attendu que des clauses du traité de commerce et de navigation du 1ᵉʳ avril 1874, signé entre la France et la Russie et spécialement des articles 5 et 7 il résulte que, les hautes parties contractantes ont eu pour but l'égalité de traitement dans les deux pays pour les navires des deux nations, que si l'article 9 lui-même, autorise les capitaines et patrons des bâtiments français et russes à se servir dans les ports respectifs des deux États soit de leur consul, soit d'expéditionnaires désignés par eux-mêmes, c'est sous la réserve des dispositions spéciales inscrites en cette matière dans le Code de commerce des deux pays, que dès lors, en jugeant que les capitaines ou armateurs de navires anglais auxquels le traité entre la France et la Grande-Bretagne du 28 juin 1882 a concédé par la clause de la nation la plus favorisée le même traitement qu'aux navires russes, devaient comme les capitaines ou armateurs des navires français, se conformer à l'article 80 du Code de commerce et recourir dans le même cas au ministère des courtiers maritimes, l'arrêt attaqué n'a pas violé les dispositions de loi, rejette. »

A côté du capitaine, l'ordonnance de 1681 donnait le droit d'agir par eux-mêmes aux marchands, sans préciser le sens

du mot marchand. Un peu plus claires, les lettres patentes
de 1776 parlent de marchands qui arrivent dans un port
pour y faire commerce de leur cargaison. Enfin, les articles
14 et 15 d'une ordonnance du 29 juillet 1763 du gouverneur
de la Martinique, désignent par marchand, le marchand
d'Europe, c'est-à-dire le négociant voyageant avec sa marchandise.

Mais notre Code est muet, et il a bien fallu trouver à
cette expression un autre sens que celui attribué au mot
marchand par les textes anciens précités, car le commerce
de nos jours s'est élargi.

A côté du capitaine, la jurisprudence admet à agir seuls
l'armateur et le consignataire unique de la cargaison ; à
un moment donné, le même bénéfice était accordé au
consignataire unique de la coque.

B. — L'armateur.

Le capitaine peut se faire assister par l'armateur, au
moins pour les déclarations qui intéressent particulièrement cet armateur, car, si comme le déclare expressément
l'arrêt de la Cour de cassation du 22 janvier 1875 (**D. P.**
1876,1,336) il n'a pas été dérogé au principe de droit
commun de l'ordonnance de 1681, qui autorisait les maîtres et marchands à agir par eux-mêmes, le vrai maître
d'un navire est moins le capitaine que le propriétaire ;
l'armateur est le mandant et le capitaine le mandataire,
et l'on ne peut guère refuser au mandant les droits qu'il a
pu conférer au mandataire.

Pour le principe, il n'y a point de difficulté, si l'on admet que sur ce point l'ordonnance de 1681 est toujours en vigueur : mais quant à l'application, il en a été différemment. Déclarer que l'armateur devra toujours agir personnellement, c'est bien sans doute se conformer à l'esprit de la législation qui admet dans certains cas la franchise du courtage, mais c'est rendre cette franchise tout à fait illusoire dans ce cas spécial. En effet, un armateur ne peut suivre partout son navire : il peut avoir besoin d'un représentant dans une place où il ne pourra se rendre lui-même pour faire la conduite. Que décider dans ce cas ? La jurisprudence, pour ne pas le priver de l'exemption de courtage, a admis qu'il pourrait se faire représenter par ce que l'on a appelé un *commis succursaliste*, c'est-à-dire, un agent exclusivement attaché à la maison et chargé de la représenter dans toutes les affaires qu'elle peut avoir à régler dans le lieu de la résidence.

Un arrêt de la Cour suprême du 31 janvier 1852 (D. P. 1852,1,63) déclare « qu'en ce cas, lorsque le commis agit au nom de la maison de commerce, c'est la maison elle-même qui agit ». L'arrêt de la Chambre civile du 24 février 1880 et celui du 10 mai 1889 proclament expressément la même faculté (D. P. 1889,1,270), mais dans la dernière espèce, le chef d'une agence de la Compagnie transatlantique en Algérie s'était fait représenter plusieurs fois par un commis, au lieu de conduire lui-même. Les motifs de cette jurisprudence ont été longuement développés par l'avocat général Bédarride.

Il y a des actes que l'on peut faire seul ; d'autres que l'on peut faire seul ou par un mandataire. Pour des raisons d'intérêt général, l'État peut très bien, dans ce cas, vous imposer le choix d'un mandataire dans une catégorie de personnes qu'il a spécialement chargées d'accomplir ce mandat à raison même de leur aptitude. Tel serait le cas des courtiers maritimes. Un mandataire spécial ne saurait suppléer le commis succursaliste, non plus qu'un mandataire général, car aucun d'eux n'offre à l'Etat et au commerce les garanties que l'État exige pour remplir de telles fonctions.

Certes, tant qu'il n'a point été abrogé, le privilège des courtiers maritimes doit être respecté. Mais la jurisprudence ne dépasse-t-elle pas la mesure, quand elle refuse même à un mandataire général de l'armateur, le droit de conduire en ses lieu et place.

Il semble bien qu'en droit strict, là où un simple commis peut agir, un mandataire général devrait pouvoir le faire *à fortiori*. La jurisprudence objecte que le commis a moins de droits que le mandataire, que celui-ci, aux termes du Code civil, a le droit de se faire remplacer pour l'exécution de son mandat à ses risques et périls, tandis qu'en principe, un commis succursaliste serait choisi *intuitu personæ* et que dès lors son obligation de faire aux termes de l'article 1237 du Code civil ne peut être acquittée que par lui. Un arrêt du 27 décembre 1873 le dit expressément (D. 1875,1,69).

De sa qualité de commis succursaliste, il résulte donc

que l'armateur lui a donné moins de droits qu'à un mandataire spécial et surtout qu'à un mandataire général : or,
c'est au représentant muni des pouvoirs les moins étendus
que la jurisprudence accorde le privilège exorbitant d'exercer une franchise qu'elle a maintenue sans texte. Pour
défendre le privilège des courtiers, il eût suffi d'exiger
qu'un seul mandataire de l'armateur dont le mandat leur
aurait d'ailleurs été signifié, eût le droit de conduire dans
chaque place ; mais, autoriser un armateur à ne conduire
là où il a des succursales de sa maison que par un commis succursaliste, c'est lui retirer d'une main la faveur
qu'on lui octroie de l'autre.

C. — *Propriétaire de la cargaison ou consignataire unique
de la cargaison.*

Le propriétaire de la cargaison est intéressé aux diverses opérations de conduite qui se feront à son égard : il doit
donc pouvoir assister le capitaine dans ses déclarations,
car la cargaison est affectée à la garantie des déclarations
du capitaine. Mais, que décider du *consignataire unique
de la cargaison* ?

Cette expression a d'abord besoin d'être précisée. Il ne
faut pas entendre par là le consignataire qui, après avoir
reçu la totalité de la marchandise est chargé de la réexpé-
dier aux ayants droit, ou de la mettre en entrepôt sans
avoir sur elle un intérêt propre. Celui-là est un simple recommandataire auquel la doctrine comme la jurisprudence
refusent le droit de conduire. Telle est l'opinion de

MM. Lyon Caen et L. Renault (*Précis*, n° 1544), de M. Godet (*Courtiers*, n° 73) et de Delandre dans son *Traité pratique des douanes* (n° 317). La Cour de cassation laisse à ce sujet tout pouvoir aux tribunaux pour déjouer la fraude du courtage clandestin. Ce sont les propres termes de l'arrêt du 25 février 1895 (D. P. 1895.1.397). Cet arrêt fait remarquer que le consignataire doit agir dans son intérêt propre. Il pouvait y avoir eu des doutes à cet égard parce qu'un autre arrêt de la Cour suprême du 14 août 1877 en parlant du même cas de franchise, qualifiait le consignataire unique de « représentant du propriétaire de la cargaison ». Le consignataire unique de la marchandise est celui qui la détient soit en vertu de la charte-partie, soit en vertu du connaissement. Or, comme le fait remarquer M. Levillain, professeur à la Faculté de droit de Bordeaux, dans la note qui accompagne l'arrêt au Dalloz, de deux choses l'une : ou le consignataire a fait des avances sur la cargaison et alors l'article 94 du Code de commerce lui donne un privilège sur la marchandise et il a sur elle un intérêt propre ; ou il n'a pas fait d'avance, mais il peut grâce à la charte-partie ou au connaissement se la faire délivrer et agir aux yeux des tiers comme s'il en était le vrai propriétaire. Il sera alors censé opérer pour son compte aux yeux de tous et de la loi. Mais pour se faire délivrer la cargaison, il faut que les formalités en douane aient été remplies : de là son intérêt personnel et le droit pour lui d'agir seul. Le tarif de 1835 comme nous le verrons, considère la conduite comme un tout indivisible. Si cela est vrai pour le courtier, ce doit être vrai également pour tout le monde, y compris le consignataire unique de la cargaison : il a le droit de par la charte-partie ou le connaissement de se faire délivrer la marchandise : cette délivrance rentre dans les actes de conduite, donc il doit pouvoir la faire tout entière.

Le monopole des courtiers souffre encore ici une atteinte ; mais il ne faut pas perdre de vue le double intérêt au nom duquel il a été établi : intérêt du commerce et intérêt de l'État. Or, ce double intérêt n'a rien à craindre de ce que le consignataire unique de la cargaison puisse conduire, car ses faits et gestes seront toujours contrôlés par les documents dont la douane exige la traduction préalable par les courtiers maritimes (D. 29 janvier 1838 et 3 septembre 1840). Cela suppose que le consignataire unique de la cargaison sait parler français, car sans cela, la moindre interprétation orale entraînerait pour le courtier le droit de faire toute la conduite.

Il s'agit, dans l'espèce, cela est bien entendu, d'une cargaison qui est destinée à circuler dans le commerce, et non pas d'une marchandise débarquée pour être rembarquée par exemple, après les réparations à effectuer au navire.

D. — *Consignataire de la coque.*

Le consignataire de la coque est celui que la douane autorise à déposer le manifeste. La Cour de Bordeaux, dans un arrêt du 5 février 1890 (D. P. 1890,2,1) et M. Levillain, dans sa note précitée, le définissent ainsi : cette qualité ne saurait être attribuée à aucun autre négociant entre les

mains duquel passerait la coque après le dépôt du manifeste.

Il est un point sur lequel la jurisprudence semble n'a-
voir jamais varié : elle lui a toujours refusé le droit de
conduire, en ce qui concerne la cargaison (Cass. crim.,
27 décembre 1873, D. P. 1875,1,89). Comme mandataire
de l'armateur, il ne pouvait espérer conduire, car il n'é-
tait pas le commis-succursaliste exigé par la jurisprudence. En tant que maître et marchand, au contraire,
n'avait-il pas la faculté de conduire seul pour tout ce qui
touche au navire? La jurisprudence a varié. Trois arrêts
de la Chambre criminelle des 27 décembre 1873 (D. P.
1875,1,89), 22 janvier 1875 (D. P.1876,1,133) et 9 mai 1890
(D. P. 1891,1,233) lui ont reconnu le droit de conduire.
M. le conseiller Poulet, rapporteur, avait cru pouvoir le
déduire d'une analyse judicieuse. Le consignataire de la
coque ne peut ni vendre ni engager le navire. Il veille à la
délivrance de la marchandise dont le navire répond, aux
réparations, travaux d'entretien et approvisionnements,
besoins d'équipage : il fait les avances, encaisse le fret,
acquitte les droits de pilotage et en est responsable ; en un
mot, il pourvoit à l'achèvement rapide et au bon état du
voyage, le tout comme le ferait l'armateur lui-même. Ces
motifs avaient paru suffisants à la Chambre criminelle
pour donner au consignataire de la coque intérêt à agir
seul, car, d'après l'arrêt du 22 janvier 1875, le consignataire unique du navire, a ce droit relativement à l'intérêt
qu'il représente. La Cour de Douai le 30 novembre 1875,

la Cour de Rennes le 23 juillet 1889 et la Cour suprême le
9 mai 1889 (D. P. 1891,1,233) l'avaient également admis,
mais dans ce dernier arrêt, il n'était question pour le consignataire de la coque que de conduire sur lest un navire
à la sortie. La tendance de la Cour de cassation depuis
1875, était donc d'élargir le champ de la franchise du courtage en matière de conduite, et son arrêt du 9 mai 1890, a
cherché à déterminer l'intérêt qui donnerait droit à cette
franchise au consignataire de la coque.

Tous les tribunaux sont loin d'avoir suivi la même jurisprudence. Le tribunal de Bordeaux (14 décembre 1873)
l'avait formellement rejetée : celui de Rouen (14 décembre
1882) se refusait à voir dans le consignataire de la coque
autre chose qu'un recommandataire que toute opération
de conduite rend passible des peines frappant le courtage
clandestin.

La doctrine semble avoir été plus d'accord pour maintenir le privilège des courtiers en face des prétentions du
consignataire de la coque. On peut consulter en ce sens
MM. Lyon-Caen et L. Renault (*Précis de droit commercial*,
t. I, n° 1553), M. Jules Fabre (*Des courtiers*, n° 277), la note
précitée de M. Levillain et les conclusions de M. Desjar-
dins à propos de l'arrêt de la Cour de Bordeaux. Cet avocat général faisait remarquer, non sans raison, qu'aucun
parallélisme ne pouvait être établi entre les deux consignataires ; celui de la cargaison, par le connaissement est
mis en possession absolue de la marchandise, aux yeux
des tiers il agit vis-à-vis d'elle comme un propriétaire et

pour tout le monde elle devient sa chose : on comprend alors qu'il ait un intérêt personnel à agir seul. Rien de cela pour le consignataire unique de la coque, simple mandataire de l'armateur : ce serait aller contre l'esprit de la loi que de l'autoriser à conduire, alors que le Code a organisé à cet effet des mandataires légaux auxquels pour une raison d'ordre public, personne ne peut se substituer.

L'administration des douanes (décision ministérielle du 13 février 1885) défendit le 13 février 1885, d'accepter les déclarations faites par le consignataire de la coque, car elles sont effectuées dans l'intérêt de la cargaison sur laquelle il n'a aucun droit. Elle était à cette époque en contradiction avec la jurisprudence de la Cour suprême. Le 20 juillet 1886, le Conseil d'État dans un avis, conclut au droit d'agir personnellement en faveur du consignataire de la coque. Une nouvelle circulaire des douanes du 15 septembre 1887 adopte cette manière de voir. Le commerce déjà très troublé par les hésitations de la jurisprudence fait entendre les plus vives protestations. D'un commun accord, les ministres des finances et du commerce décident de consulter les Chambres de commerce. Elles donnent un avis défavorable au consignataire de la coque, et l'administration revient à sa décision de 1885. La Cour de cassation s'est définitivement ralliée à cette manière de voir, d'abord dans un arrêt de la Chambre civile du 1er août 1894, puis dans un second du 25 février 1895 (D. P. 1895, I, 397), où elle ne reconnaît le droit d'agir lui-même qu'au consignataire unique de la cargaison.

Devant cet accord unanime de l'administration, de la doctrine et de la jurisprudence, nous ne signalerons que pour mémoire un arrêt du 10 mai 1889 (D. P. 1889,1,270) dans lequel la Cour de cassation admettait que le négociant à la fois consignataire unique de la cargaison et de la coque pouvait du premier chef, conduire à l'entrée et du second à la sortie. Cette distinction n'a plus d'intérêt.

Il est heureux pour les affaires que l'armement soit désormais fixé sur les droits du consignataire de la coque, car l'incertitude de l'obligation de payer un droit est souvent plus onéreuse que la certitude de payer un droit, même élevé.

E. — *Consuls étrangers.*

En principe, le consul étranger n'a pas le droit, à l'encontre du privilège des courtiers maritimes, d'assister les capitaines de ses navires nationaux dans les formalités qu'ils ont à remplir. Un certain nombre de traités ont ici dérogé au droit commun, par exemple en faveur de l'Espagne (Traités de 1768 et du 7 janvier 1862), du Vénézuéla, du Mexique, etc.

MM. Ch. Lyon-Caen et L. Renault (*Précis*, n° 1553) d'accord avec M. Godet (*Courtiers*, p. 86) enseignent que ces traités sont tombés en désuétude et dans ce sens, ils renvoient à une lettre du Directeur général des douanes du 26 avril 1879 ; cependant l'arrêt du 25 février 1895 (D. 1895,1,397) que nous avons déjà mentionné, vise encore ce droit d'agir pour les consuls dans le traité du 1ᵉʳ avril 1874 entre la Russie et la France.

§ 2. — Affrètement.

Les courtiers font seuls le courtage des affrètements, c'est-à-dire des contrats de louage de navires. Ce monopole leur a été donné, ajoutent MM. Ch. Lyon-Caen et L. Renault (*op. cit.*, n° 1550) dans le but d'éviter aux capitaines de longues recherches pour savoir s'ils peuvent louer leurs navires et aux négociants des démarches pour trouver un bâtiment qui transporte leurs marchandises.

Là encore, nous retrouvons un monopole exclusif au profit des courtiers. Quelles en sont exactement les limites ?

Il s'applique uniquement au courtage des affrètements, c'est-à-dire au fait de rapprocher le capitaine d'un chargeur ou le chargeur d'un capitaine : mais il n'est défendu à personne de faire directement, dans son propre intérêt, toutes les opérations d'affrètement ou de sous-affrètement que bon lui semble. Ne prend courtier qui ne veut, mais si l'on veut prendre cet intermédiaire, c'est au courtier maritime qu'il faut s'adresser.

On a autrefois contesté ce privilège, en se fondant sur ce que le mot *seuls* dans l'article 80 du Code de commerce, ne s'appliquerait qu'à la fin de l'article. Cette opinion est généralement abandonnée.

Le service du courtier comprend non seulement son

entremise pour former le contrat entre le fréteur et l'affréteur, mais encore la surveillance et les soins d'ensemble de toutes les opérations du chargement et de l'expé-
dition du navire (D., 22 mars 1872), et ces soins donnent
encore lieu à une rétribution sur l'ensemble du chargement (Bordeaux, 10 décembre 1874, D., *J. G.*, 783 et s.).

De ce double chef, la visite de nos ports est grevée de
frais qui ont motivé de vives protestations de la part du
commerce, en particulier à la commission extra-parlementaire de la marine marchande. Il faut tout d'abord rappeler que le courtage de l'affrètement n'est pas imposé à la
marine marchande puisque le commerce de l'affrètement
est libre. Si la France avait en dehors des lignes régulières, une véritable flotte de navires à vapeur, il serait bien
facile au commerce de profiter de la liberté de l'affrètement, mais, étant obligée de s'adresser à des navires étrangers il lui est presque impossible d'éviter le courtage. La
loi est donc impuissante à elle seule : il faudrait qu'elle
fut secondée par une direction intelligente des capitaux
vers les constructions de navires à vapeur.

Nous ne parlerons que pour mention, de la constatation
officielle par les courtiers maritimes des cours du fret ou
nolis qui n'a aucun intérêt pratique dans la question des
frais de port.

Nous ne mentionnerons également que pour mémoire,
la répression du courtage clandestin. Les articles 7 et 8 de
la loi du 28 nivôse an IX, le frappent d'une amende cor-

rectionnelle, mais qui offre deux particularités au point de vue économique et social.

Le taux en varie selon le cautionnement des courtiers maritimes : elle est au moins du 12e et au plus du 6e de ce taux. Par conséquent, dans les places importantes, le privilège des courtiers maritimes est mieux défendu que dans les petites contre le marronnage.

D'autre part, le produit de ces amendes est affecté aux enfants abandonnés.

§ 3. — Vente de navires.

Les courtiers maritimes ont le monopole de la vente des bâtiments.

§ 4. — Traduction des pièces.

L'article 86 du Code de commerce, réserve aux seuls courtiers maritimes le droit de traduire les pièces produites en justice en cas de contestation. Nous avons vu dans nos explications sur la conduite, qu'une jurisprudence aujourd'hui bien établie, tout en comprenant dans la conduite la traduction des pièces de bord, n'impose pas le ministère du courtier maritime pour cette conduite, au capitaine qui a seulement requis une traduction de pièces, traduction que du reste l'officier public ne peut lui refuser. De là, il résulte, a-t-on objecté quelquefois, que la jurisprudence a séparé en fait, deux institutions que le droit moderne voulait réunir dans les mêmes mains. Il serait facile de répondre qu'un officier public peut avoir une série de fonctions dont les unes sont obligatoires et les autres facultatives. La seule objection à faire au système de la jurisprudence, c'est qu'il est en contradiction formelle et trop absolue avec ce qu'elle admet pour la traduction orale, d'autant plus que, dans la circulaire ministérielle du 1er août 1833 qui a inspiré l'ordonnance de 1835 sur les tarifs, il est dit expressément : « La conduite du navire comprend...... et lorsqu'il y a lieu, la traduction du manifeste. »

Quelle que soit l'opinion que l'on préfère, il faut reconnaître qu'il y a une différence absolue entre les deux solutions : mais les tribunaux les appliquent aujourd'hui rigoureusement.

SECTION VI. — Des services rendus par les courtiers maritimes.

Nous avons énuméré les fonctions que la loi attribue aux courtiers maritimes, et nous avons essayé de déterminer, d'une part, quelles sont celles qu'ils ont le droit d'exercer à l'exclusion de tous autres, et d'autre part, quels sont ceux en faveur desquels leur privilège subit des restrictions. Mais nous croyons que les services qu'ils rendent à la navigation n'ont pas été suffisamment mis en lumière et dégagés au cours de l'analyse, forcément succincte, que nous avons faite, et c'est pourquoi nous nous proposons de le montrer ici.

Les courtiers maritimes font la traduction du manifeste de marchandise et de provision, du rapport de mer ; ils établissent des copies de ces manifestes.

Ils opèrent la mise en douane du navire. Les pièces dont nous venons de parler doivent, en effet, être portées à la douane suivant certaines formalités.

Ils assistent également le capitaine pour le dépôt au greffe du tribunal de commerce du rapport de mer, pour une demande d'experts si cela est nécessaire et pour l'affirmation du rapport en douane et au tribunal.

En ce qui concerne l'affrètement, ils sont des auxiliaires précieux pour l'armement en procurant, grâce à leurs relations commerciales, à leur intelligence des affaires et à la garantie qu'ils offrent, du fret aux navires parfois éloignés du port où ils désirent en trouver.

Mais, à côté de ces services que le courtier maritime rend, pour ainsi dire forcément, puisque la loi lui en fait une obligation, il y a mille petites obligeances qu'il peut avoir et a en réalité pour les navires qui se servent de son concours.

En voici quelques exemples. Un capitaine désire que son bâtiment occupe dans un port ou un bassin une place déterminée. Il écrit au courtier maritime qui fait les démarches nécessaires et lui évite à son arrivée les ennuis du retard et de l'incertitude.

Le courtier maritime sert d'intermédiaire entre le capitaine et le réclamateur des marchandises et donne au premier des conseils sur les usages locaux et la délivrance de ces marchandises. Que le capitaine vienne, en effet, d'un port où le tarif du débarquement des marchandises soit de 3 francs la tonne ; un *stevedore* auquel il s'adresse lui demande 2 fr. 50 et le prix ne semble pas trop élevé au capitaine qui a payé 3 francs dans un autre port. Mais s'il a pris soin de demander au courtier maritime quel est le tarif du port où il se trouve et que ce tarif soit de 1 fr. 50, il pourra discuter utilement les prétentions du stevedore.

Le courtier maritime sert, en outre, de banquier à l'armateur et au capitaine, il établit les comptes de fret et les encaisse avec l'assistance du capitaine. Il fait les expéditions du navire en douane et les expéditions consulaires, s'il y a lieu, etc., etc.

Ces services de tous genres rendus par les courtiers maritimes expliquent que, dans bien des cas, des capitaines qui pourraient s'en passer ont, néanmoins, recours à leur office, et justifient l'apparente élévation des tarifs dont nous abordons maintenant l'examen.

SECTION VII. — **Tarifs du courtage maritime.**

La loi des 21 avril-6 mai 1791, article 14, disposait que les tribunaux de commerce fixeraient les droits de courtage. L'arrêté du 29 germinal an IX, article 13, disait : « Les droits de commission et de courtage seront fixés par un arrêté des consuls sur le rapport du ministre de l'intérieur qui consultera à cet effet les tribunaux de commerce des villes où il sera établi des Bourses, et le préfet du département.

Cette seconde solution a prévalu dans la législatiou moderne : les tarifs de courtage sont établis pour chaque port par des décrets spéciaux après avis de la Chambre de commerce du port où ils doivent être établis.

Le principe du droit aux émoluments avait été proclamé deux fois, mais en réalité rien ne fut fait. L'article précité de l'arrêté de germinal an IX avait heureusement permis de suivre en la matière les usages locaux. M. Jules Fabre (*op. cit.*, n° 330) déclare qu'ils ont été observés à peu près partout jusqu'en 1835, car bien rares furent les tribunaux de commerce qui proposèrent des tarifs particuliers à l'approbation administrative. Au cours de cette année, le ministre du commerce fit un rapport au roi pour lui proposer non pas une tarification uniforme du courtage pour tout le royaume, mais les principes généraux d'après lesquels le pouvoir réglementaire rédigerait les tarifs particuliers à chacun des ports. Les différents services que les courtiers sont appelés à rendre devaient être spécialement tarifés. L'ordonnance du 14 novembre 1835, en conformité avec les principes de ce rapport distingua, comme nous l'avons vu, quatre catégories de services dans le courtage, donnant chacune droit à une rétribution séparée.

L'article 4 de l'ordonnance stipule : Dans la conduite du navire se trouve comprise l'interprétation orale ou la fonction de truchement envers les capitaines qui ne parlent pas la langue française. Dans les

lieux cependant où l'interprétation orale serait susceptible d'une rétribution supplémentaire, cette rétribution ne pourra excéder la
moitié des droits de conduite, ou quand il y a lieu au droit d'affrètement, la moitié des droits de conduite et d'affrètement réunis.

Cet article, comme nous l'avons vu, a servi de base à la
jurisprudence pour séparer de la conduite la traduction
écrite et alléger d'autant les frais de port, car la conduite
formant un tout indivisible, dès qu'une opération rentrant
dans ces services a été effectuée par les courtiers, ils ont
droit à la conduite entière. En réalité, cet avantage apparent se réduit à rien dans la pratique. En effet, lorsque le
courtier n'a pas la conduite du navire il ne peut se con-
tenter de faire un simple extrait signé de lui du rapport
de mer ; il est obligé de traduire ce journal de bord dans
son entier, et le prix de cette traduction enlève au capitaine le bénéfice qu'il peut avoir à conduire lui-même son
navire.

Le navire en simple relâche est considéré comme un
navire sur lest et il ne paie pas en proportion des marchandises embarquées ou débarquées (art. 5).

La taxe est donc en principe la rétribution d'un service
proportionnelle à son étendue et le navire qui fait la
cueillette de port en port, acquitte le courtage dans chacun
d'eux d'après cette idée (art. 6).

Le lest n'est pas soumis au droit de courtage ; cette
faveur s'étend même au plâtre, à la meulière et aux bri-
ques embarquées comme lest (art. 7).

Le navire acquitte deux rétributions distinctes pour la
conduite d'entrée et pour celle de sortie (art. 3).

Les divers décrets et ordonnances qui ont établi les tarifs, s'inspirant des règles de l'ordonnance du 14 novembre 1835 et des conditions différentes de la navigation dans des ports différents ont fait varier les droits selon des circonstances très diverses et fort analogues à celles qui ont influencé comme nous l'avons vu, l'établissement des tarifs de péages locaux et de pilotage. Ils sont perçus sur la quantité de marchandises embarquées et débarquées quand il y a opération commerciale, et sur la jauge lorsque le navire est en relâche ou sur lest. Dans ces derniers cas, il arrive aussi qu'il est perçu un droit sur la puissance de la machine (Cf. vieux tarifs).

Ils varient selon que le navire est à vapeur ou à voiles, selon qu'il transporte ou non des passagers, selon qu'il est chargé ou sur lest, selon sa provenance et sa destination, selon qu'il s'agit de l'entrée ou de la sortie, selon que les voyages sont plus ou moins fréquents, et dans ce cas les droits sont payés par navire et non par tonneau de jauge. Dans certains ports il est tenu compte de l'espèce de la marchandise et de l'importance du chargement. Dans d'autres une réduction est accordée lorsque le chargement est fait pour le compte de l'armateur, etc., etc. D'une façon générale, le navire en relâche forcée ne paie point de courtage de sortie.

L'interprétation orale, nous l'avons vu, rentre dans la conduite des navires ; certains tarifs cependant l'ont taxée à part, pour éviter ce qu'il peut y avoir quelquefois d'excessif dans la perception des droits de conduite entière pour une simple déclaration en douane.

Les tarifs d'affrètement en fixent presque uniformément le taux à 2 1/2 0/0 sur le montant du fret, et ceux relatifs à la vente des navires à 1/2 0/0 du prix auquel le navire a été vendu.

Dunkerque.

Droits de courtage.

(Décret du 29 août 1891).

Les droits de courtage sont les mêmes que ceux appliqués au port du Havre.

Calais.

Droits de courtage.

(Même tarif qu'au Havre).

Saint-Nazaire.

Droits de courtage.

Les mêmes qu'à Nantes.

Droits de courtage.

(Annexe au décret du 24 août 1891).

Navires faisant la navigation avec l'étranger, les colonies françaises et les ports français de la Méditerranée.

		Jusqu'à 600 tonneaux	De 601 à 1000 tonneaux	De 1001 tonneaux et au-dessus.
Bâtiments à vapeur.	Chargés entièrement ou de plus de 9/10 de houille, minerai de fer ou glace, par tonneau de chargement...	0.15	0.10	0.5
	Sortant sur lest sans passagers...................	Néant.	Néant.	Néant.
	Sortant sur lest avec passagers, par tonneau de jauge.		0.06 1/4.	
Bâtiments à voiles.	Chargés entièrement ou de plus de 9/10 de houille, minerai de fer ou glace, par tonneau de chargement...	0.30	0.20	0.10
	Sortant sur lest avec ou sans passagers...............	Néant.	Néant.	Néant.
Bâtiments à voiles ou à vapeur.	Chargés entièrement ou de plus de 9/10 de bois de construction, de teinture ou de chêne, de fer, de guano ou de céréales (blé, maïs, seigle, orge, avoine) par tonneau de chargement......	0.40	0.30	0.20
	Chargements autres	0.50	0.40	0.25
	Sortant chargés en tout ou en partie, par tonneau de chargement...................	0.25	0.25	0.25
	Entrant sur lest ou en relâche avec ou sans passagers, par tonneau de jauge........		0.12 1/2.	

Navires faisant le cabotage entre ports français de l'Océan.

Bâtiments à voiles ou à vapeur.		Ports situés au delà de Cherbourg.	Ports situés entre Cherbourg et Dunkerque.
	Entrant chargés en tout ou en partie par tonneau de chargement.........	0.25	0.12 1/2
	Sortant chargés en tout ou en partie par tonneau de chargement.........	0.12 1/2	0.06 1/4
	Entrant sur lest ou en relâche avec ou sans passagers, par tonneau de jauge............	0.06 1/4	0.03 1/8
	Sortant sur lest avec passagers, par tonneau de jauge........	0.06 1/4	0.03 1/8
	Sortant sur lest sans passagers .	Néant.	Néant.

Traduction de pièces.

Protêt d'une lettre de change . . . . 6 fr.

Pour un connaissement ordinaire. . . 6 »

Toutes autres traductions, la 1re page. 6 »

La 2e page et chacune des suivantes. 4 »

Affrètements.

2 0/0 sur le montant du fret payables par le navire à moins de conventions contraires et à la signature du contrat d'engagement.

Vente de navires.

1/2 0/0 sur le prix de vente ou mutation payables par l'acquéreur à moins de conventions contraires.

Dieppe.

Droits de courtage.

Bâtiments à voiles.	Cabotage entre les ports situés entre Cherbourg, Abbeville exclusivement.	Cabotage entre les ports situés sur l'Océan au delà de Cherbourg, Abbeville.	Navigation étrangère, colonies françaises et ports français de la Méditerranée.
Entrant sur lest, par tonneau de jauge.	0.03 1/8	0.06 1/4	0.12 1/2
Sortant — —	Nil.	Nil.	Nil.
Entrant chargés, par tonneau de chargement	0.12 1/2	0.25	0.40
Sortant chargés, par tonneau de chargement	0.06 1/4	0.12 1/2	0.20
Bâtiments à vapeur.			
Entrant sur lest ou avec des passagers, par force de cheval	0.06 1/4	0.12 1/2	0.25
Sortant sur lest ou avec des passagers, par force de cheval	0.03 1/8	0.06 1/4	0.12 1/2
Entrant chargés, par tonne de chargement	0.12 1/2	0.25	0.40
Sortant chargés, par tonne de chargement	0.06 1/4	0.12 1/2	0.20
Sortant sur lest sans passagers	Nil.	Nil.	Nil.

Traduction de pièces.

Pour un connaissement ordinaire. . . . .   4 fr
—   extraordinaire. . . . .   6 »
Protêt d'une lettre de change. . . . .   6 »
Autres traductions, la première page. . . . . .   6 »
—   chacune des suivantes . . .   4 »

Le Havre.

Droits de courtage.

(Décret du 9 juin 1882).

Navires faisant la navigation avec l'*étranger*, les *colonies françaises* et les ports *français* de la Méditerranée.

NAVIRES A L'ENTRÉE.		Par tonneau de chargement (1).		
		de 1 à 600 tx.	de 600 à 1000 tx.	de 1000 tx. et au-dess.
Chargé des 9/10 ou plus de houille.	à vapeur	0.15	0.10	0.05
Minerai de fer ou glace	à voiles	0.30	0.20	0.10
Chargé de minerai de nickel.......	à vapeur	0.30	0.20	0.10
Chargé des 9/10 ou plus de *bois de construction*, de *teinture* ou de *chêne*, de *fer*, de *guano* ou de *céréales* (blé, maïs, seigle, orge, avoine).......................	à vapeur ou à voiles.	0.40	0.30	0.20
Chargements autres : voiliers ou vapeurs.		0.50	0.40	0.25

Navires à la sortie.

Navires à voiles sur lest, ou en relâche, avec ou sans passagers . . . . Néant

Voiliers ou vapeurs, chargés en totalité ou en partie, par tonneau de chargement. . . . . 0 fr. 25

(1) La base de perception est le tonneau de chargement, tel qu'il est indiqué au tarif de la composition du tonneau sans dérogation autre que sur les avoines et les arachides pour lesquelles, vu la nature de ces chargements, les droits de courtage sont perçus au tonneau de 900 kilogs pour les premières et de 1000 kilogs pour les secondes.

Vapeurs sur lest, avec passagers, par tonneau de
jauge. . . . . 0 fr. 06 1/4
Autres cas. . . . . Néant

Navires faisant la navigation avec les ports *français* de
l'Océan.

NAVIRES A L'ENTRÉE, STEAMERS OU VOILIERS	Au delà de Cherbourg et d'Abbeville	Entre Cherbourg et Abbeville.
Chargés en totalité ou en partie, par tonneau de chargement.	0.25	0.12 1/2
Sur lest, avec ou sans passagers. . . . . } par tonneau de jauge.	0.06 1/4	0 03 1/2
En relâche		

NAVIRES A LA SORTIE, STEAMERS OU VOILIERS

	Au delà de Cherbourg et d'Abbeville	Entre Cherbourg et Abbeville.
Chargés en totalité ou en partie, par tonneau de chargement.	0.12 1/2	0.06 1/4
Sur lest, avec passagers, par tonneau de jauge.	0.06 1/4	0.03 1/2
Autres cas.	Néant.	

Affrètements. — Commission 20 0/0 sur le montant brut du fret,
payable par le navire, sauf conventions contraires.

Vente de navires. — Commission 1/2 0/0 sur le prix de la vente
ou de la mutation payable par l'acquéreur, sauf conventions contraires.

Traduction. — Protêt d'une lettre de change. . . . . . . 6 fr.
Connaissements ordinaires . . . . 6 »
Autres traductions, 1re page. . . . . 6 »
Chacune des suivantes . . . . 4 »

Droits de courtage.

Navires faisant le commerce avec les pays étrangers, les colonies françaises ou les ports français de la Méditerranée :

A l'entrée

	Par tonneau d'affrètement.		
	Jusqu'à 1000 tonneaux.	De 1001 à 1500 tonneaux.	Au-dessus de 1500 tonneaux.
Chargement composé entièrement ou pour plus de 9/10 de charbon de terre, fer brut, minerai de fer, sel gemme, glace, kaolin et feldspath :			
Vapeurs	0.15	0.10	0.05
Voiliers	0.25	0.20	0.10
Chargement composé entièrement ou pour plus des 9/10 de fer, bois, engrais, grains et graines :			
Vapeurs			
Voiliers	0.40	0.30	0.15
Autres chargements :			
Vapeurs			
Voiliers	0.50	0.30	0.15
Sur lest ou en relâche :			
Vapeurs		par tonneau de jauge	
Voiliers		0.12 1/2	
Navires en relâche pour mauvais temps ou avaries		Nil.	

A la sortie.

Navires chargés en tout ou en partie :

Vapeurs.
Voiliers.   } Par tonneau d'affrétement..   0 fr. 25

Sur lest ou en relâche. . . . . *Nil.*

Navires faisant le cabotage entre les ports
français de l'Océan.

A l'entrée.

	Venant d'un port situé au delà de Cherbourg et Abbeville.	Venant d'un port situé entre Cherbourg et Abbeville inclusiv.
	Par tonneau d'affrètement	

Navires chargés en tout ou en partie.

Vapeurs. . . . . }
Voiliers. . . . . }   0,25   0,12 1/2

Navires sur lest ou en relâche.

Vapeurs. . . . . }
Voiliers. . . . . }   0,06 1/4   0,03 1/8

Navires en relâche par mauvais temps . . . . *Nil.*

A la sortie.

Par tonneau d'affrètement

Navires chargés en tout ou en partie :

Vapeurs. . . . . }
Voiliers. . . . . }   0,12 1/2   0,06 1/4

Sur lest. . . . . *Nil.*

Traduction.
- Connaissement ordinaire. . . . 3 fr.
- Connaissement spécial . . . . . 5 fr.
- Protêt . . . . 5 fr.
- Lettre de change. . . . . 3 fr.
- Documents judiciaires.
  - La 1re page . . . . 4 fr.
  - Chacune des suivantes . . . . 3 fr.

Affrètements. — 2 0/0 sur le montant du fret.

Vente de navires. — 1 0/0 sur la vente.

Honfleur.

Droits de courtage.

(Ordonnance royale du 12 novembre 1838).

Navires à voiles.	Faisant le cabotage national.		Faisant la navigation avec l'étranger, les colonies françaises et les ports français de la Méditerranée.
	Entre Cherbourg et Abbeville.	Au delà de Cherbourg et d'Abbeville.	

Par tonneau de jauge.

Entrant sur lest...................	0.03 1/8	0.06 1/4	0.12 1/2
Sortant sur lest..................	Nil.	Nil.	Nil.

Par tonneau de chargement.

Entrant chargés en tout ou en partie	0.12 1/2	0.25	0.50
Sortant —	0.06 1/4	0.12 1/2	0.25

Navires à vapeur.	Par force de cheval.		
Entrant sur lest avec passagers....	0.06 1/4	0.12 1/2	0.25
Sortant —	0.03 1/8	0.06 1/4	0.12 1/2
Sortant sur lest sans passagers....	Nil.	Nil.	Nil.

Par tonneau de chargement.

Entrant chargés en tout ou en partie	0.12 1/2	0.25	0.50
Sortant —	0.06 1/4	0.12 1/2	0.25

Réductions importantes pour les navires chargés de houille.

Traduction.
Connaissement ordinaire. . . .	4 fr.
Connaissement extraordinaire .	6 fr.
Lettre de change	6 fr.
Actes judiciaires, la 1re page . .	6 fr.
Les suivantes, l'une	4 fr.

Affrètement. — Courtage 1/2 0/0, payable moitié par le fréteur et moitié par l'affréteur, sauf conventions contraires.

Vente de navires. — Sur le prix de vente, 1/4 0/0 payable moitié par le vendeur, moitié par l'acheteur sauf conventions contraires.

Nantes.

Droits de courtage.

(Ordonnance royale du 13 octobre 1842).

Navires remontant *directement à Nantes* pour y *décharger* ou qui *recevront* leur chargement dans ce port.

CABOTAGE NATIONAL

NAVIRES	Entre La Rochelle et Lorient	Au delà de La Rochelle et de Lorient	Navigation avec l'étranger, les colonies françaises et les ports français de la Méditerranée
A voiles ou à vapeur *entrant* ou *sortant* sur *lest* sans passagers	3f Nil (Par tonneau de chargement)	6t Nil (Par tonneau de chargement)	12f Nil (Par tonneau de chargement)
A voiles ou à vapeur entrant ou sortant *chargés*	3 + 0.125	6 + 0.25	12 + 0.25
Par les armateurs..	3 + 0.25	6 + 0.25	12 + 0.25
Par tous les autres.	3 + 0.25	6 + 0.50	12 + 0.50
	par force de cheval		
A vapeur *entrant* sur *lest* avec passagers.	3 + 0.06 1/4	6 + 0.12 1/2	12 + 0.25
A vapeur *sortant* sur *lest* avec passagers.	3 + 0.12 1/2	6 + 0.25	12 + 0.25

La Rochelle. — La Pallice.

Droits de courtage.

(Décret du 29 mai 1893).

NAVIRES Bâtiments à voiles.	Faisant le cabotage avec les ports français.		Faisant la navigation avec l'étranger, les colonies françaises et les ports français de la Méditerranée.
	Situés entre Bayonne et Nantes.	Situés entre Nantes et Dunkerque.	
Entrant ou sortant sur lest........	Néant.	Néant.	Néant.
Entrant ou sortant chargés en totalité ou en partie, par tonne de chargement....................	0.20	0.30	0.50
Bâtiments à voiles ou à vapeur.			
Entrant ou sortant sur lest sans passagers.....................	Néant.	Néant.	Néant.
Entrant ou sortant sur lest avec passagers, par tonneau de jauge....	Néant.	Néant.	0.25
Bâtiments à vapeur.			
Entrant ou sortant chargés en totalité ou en partie, par tonneau de chargement....................	0.20	0.30	0.50

Traduction.

Connaissement ordinaire.	4	francs
— extraordinaire	6	»
Protêt d'une lettre de change.	4	»
Autres documents, la première page . . .	6	»
Les suivantes, l'une.	4	»

Affrètements. — 2 0/0 sur la valeur du fret, payables par moitié par le fréteur et l'affréteur, sauf conventions contraires.

Vente de navires. — 1/2 0/0 sur le prix de vente (minimum 15 fr.) payable moitié par le vendeur et moitié par l'acheteur, sauf conventions contraires.

Droits de courtage.

(Décret du 22 mai 1872).

Navires à voiles ou à vapeur, français ou étrangers.

	Sur lest	Chargés
	Par tonneau	de jauge
Navires venant de, ou allant aux ports entre et y compris Nantes à Bayonne.	0.10	0.20
Navires venant de, ou allant aux ports de France et d'Algérie.	0.15	0.30
Navires venant de, ou allant aux colonies françaises et ports étrangers . .	0.25	0.50

Traduction : Un connaissement ordinaire. . . 4 fr.

      —   extraordinaire. 6 »

Un protêt . . . . 4 »

Actes judiciaires, 1re page . . . . 6 »

Les suivantes, l'une. . . . . 4 »

Affrètements. — 2 1/2 0/0 sur le montant du fret payé par le fréteur.

Vente de navires. — 1/2 0/0 du prix de vente payé par l'acheteur.

Cette.

Droits de courtage.

<table>
<tr><td></td><td colspan="2">Faisant la navigation
dans la | hors la·
Méditerranée.</td></tr>
<tr><td>Navires</td><td></td><td></td></tr>
</table>

A voiles.

Entrant sur lest, par tonneau de jauge	0.05	0.10
Sortant — —	néant	néant
Entrant chargés, en tout ou partie, par tonne de chargement.	0.10	0.20
Sortant chargés, en tout en partie, par tonne de chargement.	0.10	0.20

Vapeurs.

Entrant sur lest, sans passagers, par tonneau de jauge	0.05	0.07 1/2
Sortant sur lest, sans passagers, par tonneau de jauge	néant	néant
Entrant sur lest avec passagers, par tonneau de jauge . . . . : . .	0.07 1/2	0.10
Sortant sur lest, avec passagers, par tonneau de jauge	0.07 1/2	0.10
Entrant chargés, en tout ou partie, par tonne de charge.	0.10	0.20
Sortant chargés, en tout en partie, par tonne de charge.	0.10	0.20

Traduction : Connaissement ordinaire	4	fr.
— extraordinaire . .	6	»
Lettre de change.	3	»
Lettre de change avec protèt. . .	6	»
Actes judiciaires, la 1ʳᵉ page . . .	6	»
Les suivantes, l'une.	4	»

Affrètements. — Sur la valeur du fret, payable par le fréteur, 2 0/0.

Vente des navires. — Sur le prix de vente, payable par moitié par chacune des deux parties, 1 0/0.

Marseille.

Droits de courtage.

(Le tarif officiel de juin 1842 est tombé en désuétude).

Frais de conduite, *entrée et sortie* suivant la grosseur du navire et la fréquence des voyages, par navire. . . . . de 25 à 80 fr.

Les vapeurs fréquentant habituellement le port, entrée et sortie par vapeur. . . . de 20 à 50 fr.

Affrètements à la charge des navires.
- pour voiliers, sur charte-partie, long-cours ou cabotage 2 0/0
- pour voiliers, en cueillette au cabotage. 4 0/0
- vapeurs . . . . tarif réduit

Vente des navires.
- navires à voiles à l'amiable. 2 0/0
- navires à voiles à vente publique. 2 1/2 0/0
- réduction de moitié ou des 3/4 pour vapeurs, suivant leur valeur.

A la charge par moitié du vendeur et de l'acheteur à moins de conventions contraires.

Alger.

Droits de courtage.

Vapeurs, entrée et sortie . . . . 40 fr.

<table>
<tr><td></td><td></td><td colspan="2" align="center">Par tonneau de jauge.</td></tr>
<tr><td></td><td></td><td align="center">Entrée</td><td align="center">Sortie</td></tr>
<tr><td>Voiliers.</td><td>de 25 à 300 tonneaux . . . 0.25</td><td></td><td>0.12 1/2</td></tr>
<tr><td></td><td colspan="3">au-dessus de 300 tonneaux. Entrée et sortie 0.10</td></tr>
</table>

Les navires à vapeur et à voiles en relâche ne paient que demi-droit.

Affrètements. — 4 0/0 sur le montant du fret. Cette commission est payée en totalité par le capitaine du navire affrété.

Vente de navires. — 2 0/0 sur le prix de vente, payables par l'acheteur, plus le remboursement des frais.

Traduction : Traite simple . . . . 3 fr.

        Protêt . . . . 6 »

        Connaissement ordinaire. . . . . 4 »

        —   extraordinaire . . 6 »

        Actes judiciaires, 1re page . . . . 6 »

        Les suivantes, l'une. . . . . . . 4 »

        Vacation d'un interprète . . . . 8 »

SECTION VIII. — **Appréciation générale des tarifs. Conclusion.**

Les tarifs du courtage maritime ont toujours soulevé de vives protestations. M. Henri Bordes s'en fit l'écho au sein de la commission extra-parlementaire de la marine marchande et cita le fait du courtier de Bordeaux « qui apprend à la Bourse le mouvement d'un navire de 4.000 tonnes : il se charge de la conduite, et pour une intervention qui ne lui impose aucune responsabilité il touche 2.000 fr. soit 0 fr. 50 par tonne, ce qui en moyenne représente jusqu'à 10 0/0 du fret ». On répète aussi souvent, qu'un navire qui paye à Gênes, Anvers, Londres ou Hambourg de 130 à 150 francs de courtage, acquitte dans un port français des droits variant de 200 à 800 francs.

Nous aurons occasion de montrer un peu plus loin qu'il faut se défier un peu de ces calculs très faciles à établir sur le papier. Disons de suite que d'une façon générale, les critiques adressées de tout temps au courtage maritime étaient en partie fondées et en partie excessives, comme d'ailleurs il arrive souvent. Les intéressés leur donnèrent donc en partie satisfaction et tort en partie.

Les courtiers de Marseille ont abandonné le tarif officiel de juin 1842. Pour son entrée et sa sortie, un navire ne paie que de 25 à 80 francs ou même seulement de 20 à 50 francs si c'est un vapeur visitant souvent le port.

Le 21 avril 1899, sur les réclamations de l'ambassadeur

d'Angleterre et du ministre de Danemark, le ministre du commerce avait invité la Chambre de commerce du Havre à émettre un avis sur les plaintes formulées par les armateurs de ces deux pays. Le réponse a été fournie par le distingué président de la Chambre de commerce. M. Joannès Couvert au sous-préfet du Havre, dans une lettre reproduite par le *Journal du Havre* du 25 août 1899.

La Chambre de commerce fait remarquer la périodicité de ces plaintes. Dès 1880, une délégation d'armateurs anglais représentant plus d'un million de tonnes se mirent au Havre en rapport avec les courtiers maritimes pour obtenir une réduction de leurs droits. Ceux-ci, grâce à l'intervention de la Chambre de commerce, admirent un tarif à échelle décroissante que le décret du 7 juin 1882 a sanctionné et que nous avons décrit plus haut. Il y avait en échange du sacrifice énorme que consentaient ainsi les courtiers, un engagement tacite de la part de l'armement de ne plus rien réclamer, et le tarif de courtage du Havre fut cité comme modèle aux autres ports français. Dunkerque et Rouen s'en sont inspirés pour reviser leurs tarifs. Les gros navires paient toujours plus que ceux de petit et de moyen tonnage, mais c'est justice : et grâce à une échelle décroissante qu'ils n'ont point adoptée à Bordeaux, ils bénéficient de dégrèvements sérieux comme le prouvent les exemples suivants :

1° Droits payés par un navire de 5.000 tonneaux de portée. . . . . 1.460 fr.

Ces droits s'élèvent pour le même tonnage réparti :

Sur un navire de 3000 tonneaux à. . . . .   960 fr.
     —   2000   —   . . . .   710 fr.
                                        Total . . . .   1.670 fr.

2° Droits payés par un navire de 6.000 tonneaux de portée. . . . . , ...   1.710 fr.

Ces droits s'élèvent pour le même tonnage réparti :

Sur trois navires de chacun 2.000 tonneaux :
  710 $\times$ 3 = ...   2.130 fr.
Sur deux navires de chacun 3.000 tonneaux :
  960 $\times$ 2 = ...   1.920 fr.

3° Droits payés par un navire de 10.000 tonneaux de portée . . . .   2.710 fr.

Ces droits s'élèvent pour le même tonnage réparti :

Sur deux navires de chacun 5.000 tonneaux :
  1460 $\times$ 2 = ...   2.920 fr.

4° Droits payés par un navire de 12.000 tonneaux de portée. . . . .   3.310 fr.

Ces droits s'élèvent pour le même tonnage réparti :

Sur deux navires de chacun 6.000 tonneaux :
  1710 $\times$ 2 = ...   3.420 fr.
Sur six navires de chacun 2.000 tonneaux :
  710 $\times$ 6 = ...   4.260 fr.

On voit par ces chiffres et par les comparaisons que nous
avons données du tarif de 1838 avec celui de 1882, quelles
sont les concessions faites à cette dernière date par les
courtiers maritimes du Havre.

Ces concessions ajoutées à la diminution de péages con-

sentie par la Chambre de commerce en 1886, puis en
1893 et aux avantages conférés de fait à l'armement étranger par la loi du 27 décembre 1897, ont fait repousser par la
Chambre de commerce du Havre toute nouvelle atténua-
tion.

On voit par les exemples que nous venons de citer, que,
comme nous le disions au début, les courtiers maritimes
ne se sont jamais montrés obstinément hostiles à toutes
les mesures de diminution de tarifs qu'on leur demandait :
ils ont fait la part de celles qui méritaient qu'on s'y arrêtât et de celles auxquelles on devait réserver un accueil
tout différent. L'affirmation de M. H. Bordes, disant que
les courtiers n'ont point de responsabilité est au moins excessive : si dans une déclaration en douane une erreur est
commise, à qui incombera la responsabilité ? Si dans un
affrètement fait par un courtier maritime, une erreur se
produit : si une différence de chiffres existe dans les copies des chartes-parties délivrées aux intéressés, qui supportera les suites de l'erreur ? Le courtier maritime. Il est
certain, en vérité, que l'exemple cité par M. H. Bordes,
est merveilleusement choisi pour la thèse qu'il soutenait :
il est peut-être même trop bien choisi pour qu'on puisse
en faire la base d'un raisonnement sérieux.

Quant aux arguments tirés de la différence du courtage
étranger avec le nôtre, il ne faut pas se faire illusion. Le
courtier étranger ne correspond nullement au nôtre, et
parfois, la série des opérations incombant en France au
courtier maritime sont faites à l'étranger par une série d'in-

termédiaires dont les services sont loin d'être gratuits. Il importe donc, même avec des chiffres, de ne pas juger cette question sur les apparences : il est nécessaire d'analyser et d'additionner ces chiffres.

En résumé, si l'institution du courtage maritime comporte, comme toutes les institutions d'ailleurs, des perfectionnements de détails susceptibles de se traduire en l'espèce par certaines diminutions de tarifs, elle est loin de mériter les attaques dont elle a été l'objet. Le commerce et l'État ont un intérêt très certain à ce qu'elle soit maintenue dans son intégrité, et nous demandons aux esprits impartiaux qui la veulent juger de le faire en examinant minutieusement ce qu'elle est et les services qu'elle rend, cela va sans dire, mais surtout les inconvénients très graves qui se produiraient si malheureusement et ce que nous ne voulons point croire, elle venait à disparaître.

CHAPITRE IV

REMORQUAGE

Remorquer, c'est remplacer le moyen de locomotion d'un navire. Les remorqueurs destinés à cet usage sont de petits bateaux spéciaux d'une forme particulière ayant l'arrière dégagé et munis d'une forte machine. Ils appartiennent à des compagnies privées qui établissent leurs tarifs comme elles l'entendent et l'appliquent de même. En fait, elles ont des contrats avec toutes les compagnies fréquentant régulièrement les ports où elles sont installées.

Il arrive parfois, cependant, que les remorqueurs appartiennent aux ports ou aux Chambres de commerce. Dans ce cas, les Chambres de commerce et les ports se comportent comme des sociétés privées.

Il est bien clair que l'on ne fait usage de remorqueur qu'à son plein gré. Généralement, les capitaines font leur prix avant de prendre ou de donner l'amarre à la remorque. A défaut de prix convenu d'avance, on applique le tarif de la Compagnie.

Dans certains ports où plusieurs Compagnies se font concurrence, il n'y a point de tarif certain.

Nous donnons ci-dessous les tarifs de remorquage des principaux ports français.

Dunkerque.

Remorquage.

Service de la Chambre de commerce.
(Décret du 28 août 1888 et décision ministérielle du 7 décembre 1888).

Tarif d'usage.

		Par tonneau de jauge	
		Entrée	Sortie
D'un point quelconque du port d'échouage ou du chenal.	Jusqu'à 1 mille des jetées ou inversement.	0,20	0,15
	Jusqu'à 4 milles des jetées ou inversement.	0,30	0,25
	Jusqu'à 7 milles des jetées ou inversement.	0,40	0,35

Les navires lèges paient demi-droit pour la première zone.

Halage et évitement des navires.

Pour toute opération d'évitement ou de déplacement dans un des bassins et dans le port d'échouage, ou pour la conduite d'un navire du point où il se trouve, soit dans un bassin, soit dans le port d'échouage dans un des bassins immédiatement contigus, et réciproquement.

par tonneau de jauge légale . . . 0 fr. 05

Pour toute autre opération de halage dans l'intérieur du port faite sans interruption.

par tonneau de jauge légale . . . 0 fr. 10

Pour ces services de halage les navires lèges paient demi-droit.

Assistance à l'entrée ou à la sortie pour les
steamers non remorqués.

		Par navire
Jusqu'à	1.000 tonneaux de jauge nette.	100 fr.
de 1.001 à 1.500.		125 »
de 1.501 à 2.000.		150 »
Au-dessus de 2.000.		200 »

Lorsqu'un steamer voudra se faire assister par deux remorqueurs, la taxe du second sera la moitié de celle prévue au tarif.

Les aussières sont fournies par le navire.

Il existe en outre plusieurs compagnies de remorquage qui n'ont pas de tarif fixe. Les capitaines doivent débattre leur prix.

Calais.

Remorquage.

(Décret du 19 mars 1891.)

Le remorquage est concédé à la Chambre de commerce;
le service est fait par trois remorqueurs dont un à double
hélice de 600 chevaux de force.

Tarif d'usage.

| | | Par tonneau de jauge | |
		Entrée	Sortie
D'un point quelconque de l'avant-port, du port d'échouage ou du chenal.	jusqu'à un mille au delà de la tête des jetées et réciproquement . .	0.40	0.20
	jusqu'à 4 milles au delà des jetées et réciproquement.	0.60	0.40
	jusqu'à 7 milles au delà des jetées et réciproquement.	0.90	0.90

Remorquage.

(Sans obligation des compagnies de remorquage.)

| | | Par tonneau de jauge | |
		Entrée	Sortie
D'un point quelconque du port ou du chenal.	jusqu'à la sortie du port ou inversement .	0.30	0.20
	jusqu'à Ambleteuse ou au cap d'Alprech ou inversement.	0.40	—
	jusqu'à St-Frieux au Gris-Nez ou inversement	0.60	—

Toutefois, dans la plupart des cas, on traite à forfait avec les Sociétés de remorquage.

Dieppe.

Remorquage.

Appliqué par la Chambre de commerce.
(Décret du 27 avril 1894, *B. des Lois*, 771).

Entrée.

Navires à voiles

Par tonneau de jauge

Jusqu'aux éclu-ses d'entrée des bassins Duques-nes ou de demi-marée.

D'un point quelconque situé à moins de *trois milles* du mu-soir de la jetée Ouest :

Chargés (1) 0.40

Sur lest 0.20

D'un point quelconque situé à moins de *six milles* du mu-soir de la jetée Ouest :

Chargés (1) 0.50

Sur lest 0.25

Minimum de perception . . . . 20 fr.

Sortie.

Conduite des navires jusqu'à 2 milles au maximum :

Par tonneau de jauge

Navires chargés . . . . 0 fr. 25

— sur lest . . . . 0 » 15

Minimum de perception . . . . 15 »

(1) Sont considérés comme chargés soit à l'entrée soit à la sortie, ceux pour lesquels le poids du chargement est égal ou supérieur à la moitié de la jauge légale.

Entrée ou sortie.

Navires à vapeur   Par navire

Jusqu'à   1.000 tonnes de chargement . .   100 fr.

      de 1.001 à 1.500 . . . .   125 »

      de 1.501 à 2.000 . . . .   175 »

      de 2.001 à 2.500 . . . .   200 »

Au-dessus de 2.500 . . . .   250 »

Réduction de moitié pour les vapeurs entrant ou sortan
sur lest.

Pour vapeurs faisant un service régulier : conventions
particulières.

Le Havre.

Remorquage.

Il n'y a point de tarifs : les prix sont à débattre entre les capitaines et les compagnies.

Remorquage.

De la mer à Rouen : Tarif maximum :
    Par tonneau d'affrètement. .   2 fr.
Suivant un usage du port, la moitié du
tarif est acquittée par la cargaison.
De Rouen à la mer :
Navires sur lest, par tonne de jauge.   0 » 75
      chargés, par tonneau d'af-
      frètement . . . . . .   1 »

Remorquage de la place où se
    trouve le navire, au quai, selon
    le tonnage . . . . de 20 à 75 fr.
Remorquage pour entrer dans le
    Dock à pétrole et en sortir. . . de 100 à 120 »

Bien que ce tarif ait été homologué par la Chambre de
commerce, le remorquage est libre.

Remorquage.

Tarif de la « Société Honfleuraise de remorquage »
arrêté par la Chambre de commerce.
(Décret du 17 août 1897).

Entrée.

	Par tonneau de marchandises à bord	Minimum de perception
De la rivière de Pennedepie au port.	0 fr. 30	30 fr.
Du château de Lassay ou rade de la Carosse.	0 fr. 40	50 fr.
Du port du Havre.	0 fr. 50	50 fr.

Sortie.

Du port au cap de Grâce.	0 fr. 15	15 fr.
— à Amfard	0 fr. 25	25 fr.
— à la bouée N.O. du Ratier.	0 fr. 30	30 fr.

Les navires sur lest ou ayant moins de 2/3 de charge paient le même tarif, mais calculé sur le *tonnage du navire*.

Les navires doivent fournir leurs remorques, dans le cas où celles du remorqueur sont employées, le tarif est élevé de 25 0/0.

Sauf le cas de stipulation contraire dans la charte-partie, le remorquage à l'entrée est supporté par moitié par la marchandise, les frais des remorques exceptés.

Afin de simplifier les calculs, les poids suivants sont admis :

SAPINS DU NORD	par stère ou mètre cube	par Standard		
		de St-Pétersbourg	de Christiania	de Drontheim
	kgr.	kgr.	kgr.	kgr.
Madriers, bastins, planches, planchettes, frises, etc.	»	2.500	1.500	»
Poutres et poutrelles de Suède et de Norwège.........	700	3.850	2.400	3.000

BOIS DE CHÊNE		Le last	
		de Stettin	de Memel ou Dantzig
Poutres, plançons, bouts............	1.000	2.170	2.670
Marbre, granit....	2.800	»	»

St-Nazaire.

Remorquage.

(Le tarif n'a rien de fixe).

De la rade de St-Nazaire aux Charpentiers, à la Banche ou au Pilier et vice-versa :

	Par navire
Au-dessous de 200 tonneaux	225 fr.
De 201 à 250 tonneaux.	250 »
De 251 à 300 —	275 »
De 301 à 350 —	300 »
Par chaque tonneau en sus.	0 » 70

De Belle-Ile en Mer en rade de St-Nazaire et vice-versa :
Par tonneau de jauge . . . . 1 fr. 50

Bassin de St-Nazaire.

Pour sortir du bassin et mettre sur rade et vice-versa :

	Par navire
Au-dessous de 200 tonneaux	50 fr.
De 201 à 300 tonneaux.	60 »
De 301 à 400 —	70 »
De 401 à 500 —	80 »
Par chaque tonneau en sus.	0 25

	Par tonneau de jauge.
Des estacades dans le bassin.	0 fr. 10

	Par tonne de marchandises.
De St-Nazaire à Paimbœuf et vice-versa.	0 fr. 50
— Nantes —	1 fr. 50
De Paimbœuf à Nantes —	1 fr. 25
Du Pellerin et au-dessus à Nantes. . . .	0 fr. 90

	Par tonne de houille.
De St-Nazaire à Nantes	1 fr.
Du Pellerin et au-dessus à Nantes. . . .	0 fr. 90

Tarif des remorques.

De St-Nazaire à Nantes et vice-versa . .	20 fr.
De Belle-Ile à St-Nazaire.	80 »
De St-Nazaire à Paimbœuf et vice-versa.	10 »
Du Sas sur rade et vice-versa.	10 »
Du Pilier » »	40 »
Des Charpentiers sur rade et vice-versa .	20 »

Nantes.

Remorquage.

(Tarif généralement adopté).

Par navire

Des Charpentiers, du Pilier ou de la Banche
et réciproquement :

Navires jaugeant jusqu'à 200 tonneaux .		200 fr.
—	—	250 — . .	250 »
—	—	300 — . .	275 »
—	—	350 — . .	300 »
Chaque tonneau en plus		0 » 70

Du port en rade et réciproquement :

Navires jaugeant jusqu'à 200 tonneaux .		50 fr.
—	—	300 — . .	60 »
—	—	400 — . .	70 »
—	—	500 — . .	80 »

etc. etc.

De St-Nazaire à Nantes par tonneau de cargaison. 1 fr. 25

De St-Nazaire à Paimbœuf par navire . . 50 »

De Paimbœuf à Nantes » . . 100 »

Du Pellerin à Nantes » . . 60 »

Les bâtiments chargés de charbon paient 30 0/0 en moins.

La Rochelle. — La Pallice.

Remorquage.

Il n'existe pas à la Rochelle ni à la Pallice de service public de remorquage. Des vapeurs appartenant à des particuliers, font le service à l'occasion moyennant des prix à débattre.

Bordeaux.

Remorquage.

(Tarif de la Compagnie maritime *Gironde et Garonne*).

	De Bordeaux à		
	Pauillac et vice-versa	Richard et vice-versa	Verdon et vice-versa
Jusqu'à 199 tonnes de jauge nette. . .	250 fr.	420 fr.	475 fr.
De 200 à 219	255	430	490
220 239	260	440	505
240 259	265	450	520
260 279	270	455	535
280 299	275	460	550
300 319	280	465	565
320 339	285	470	580
340 359	290	475	595
360 379	295	510	610
380 399	300	520	625
400 419	310	535	640
420 439	320	550	655
440 459	330	565	670
460 479	340	580	685
480 499	350	595	700
Au-dessus de 499 tonnes par tonne . .	0.70	1.20	1.40
Remorques	15	25	30

Ces taxes peuvent être réduites par arrangement spécial.

Remorquage en rade.

	Voiliers	Vapeurs
De Carriet à Bordeaux	35 fr.	50 fr.
Lormont —	30	45
Railways —	25	40
Bacalan —	20	30
Chartrons —	15	25
Par mouvement en rade	15	20

Remorquage.

PAR NAVIRE :

Jauges.	Entrée ou sortie du vieux ou du nouveau port jusqu'à 1 mille au large du brise-lames. fr.	Changement de navires du vieux au nouveau port et réciproquement fr.	Du vieux ou de l'avant port au canal maritime en amont du port de Montpellier ou à la gare du Midi et réciproquement. fr.	Du nouveau port fr.
100 tonn. et au-dessous.	25	10	20	15
101 à 200 tonneaux..	35	15	25	20
201 à 300 » ..	45	20	30	25
301 à 400 » ..	55	25	35	30
401 à 500 » ..	65	30	40	35
501 à 600 » ..	75	35	45	40
601 à 700 » ..	85	40	50	45
701 à 800 » ..	90	45	55	50
801 à 900 » ..	95	50	60	55
901 à 1000 » ..	100	55	65	60

Marseille.

Remorquage.

(Le remorquage est libre).

(Tarif de la *Société générale de remorquage.*)

Par tonneau de jauge.

Entrée ou sortie du port de Frioul.   0 fr. 25

	Port vieux ou de la Joliette	Du port national
Navires de 100 à 125 tonneaux . . .	20 fr.	30 fr.
126 à 200 » . . .	30 »	40 »
201 à 250 » . . .	35 »	45 »
251 à 300 » . . .	45 »	55 »
301 à 350 » . . .	50 »	60 »
351 à 400 » . . .	60 »	70 »
401 à 500 » . . .	70 »	80 »
501 à 600 » . . .	80 »	90 »
Par 100 tonneaux en plus	10 »	20 »

Ce tarif n'est applicable qu'aux navires pris en dedans du Château d'If ou remorqués jusqu'à cette limite.

CHAPITRE V

§ 1er. — Barques d'aide.

Le service des bateaux d'aide se rattache de très près à celui du pilotage. Ce sont des barques montées par des apprentis pilotes et destinées à porter les amarres des navires. En outre, c'est le bateau d'aide qui suit le navire à sa sortie et ramène le pilote au port.

Les tarifs que nous donnons plus loin sont fixés soit par décret, soit par la Chambre de commerce.

§ 2. — Pontiers.

Les pontiers sont sous la direction des Ponts et Chaussées, par conséquent du service des ports. Ils sont destinés à faire manœuvrer les ponts des écluses sous la direction des officiers de port. Ils sont rémunérés par chaque navire qui passe le pont dont ils ont la garde.

Les tarifs ci-dessous sont fixés par l'administration des ports.

§ 3. — Haleurs.

Ce sont généralement d'anciens marins qui hâtent les navires pour leur faire passer les écluses ou les mettre à quai. Ils sont également payés d'après des tarifs établis par le port (Voir ces tarifs ci-dessous).

§ 4. — Surveillance de feux.

Les « gardiens de feux » qui appartiennent à l'administration des ports doivent monter à bord des navires afin d'empêcher qu'on n'y fasse du feu. En effet, les navires n'ont en principe pas le droit de faire du feu à bord lorsqu'ils sont mouillés dans un port : ils peuvent toutefois être spécialement autorisés à faire la cuisine.

Les tarifs ci-dessous sont établis par l'administration des ports.

§ 5. — Balayage du quai.

Après chaque embarquement ou débarquement d'un navire, les quais doivent être nettoyés. Ce service est fait par des employés appartenant généralement au port et dont la rémunération est fixée par le port (Voir ces tarifs ci-dessous).

§ 6. — Eau douce.

L'eau douce indispensable à tous les navires qui ont d'ailleurs des caisses spécialement destinées à la recevoir et particulièrement aux vapenrs qui, en outre en ont besoin pour leurs chaudières, est fournie soit par les villes, soit par les Chambres de commerce, soit par des Compagnies spéciales, selon des tarifs approuvés (Voir ci-dessous ces tarifs).

§ 7. — Dépôt du rapport de mer.

Ce dépôt qui n'est pas obligatoire, mais constitue une
sage mesure de précaution généralement prise par les capitaines, est établi par un règlement général à toute la
France : il se trouve cependant qu'en fait, les greffiers ne
perçoivent pas tous la même somme pour la même opération.

En outre, le capitaine dépose une requête à fin de nomination d'experts pour apprécier les avaries de la cargaison.
Ceux-ci appelés capitaines-visiteurs assistent à l'ouverture
des panneaux, constatent l'état d'arrimage et au fur et à
mesure du débarquement, les avaries des marchandises
avec leur cause et leur degré. Ils font du tout un procès-
verbal qu'ils déposent au greffe du tribunal de commerce
ou de la justice de paix à la disposition des intéressés. Les
capitaines-visiteurs sont assermentés.

Dunkerque.

Bateaux d'aide.

Pour les deux premières heures d'emploi . . . 15 fr.
Chaque heure supplémentaire . . . . 3 »
L'heure commencée est due.

La nuit (de 2 heures après le coucher du soleil jusqu à 1 heure avant son lever) il est payé un tiers en plus.

Droit d'écluses ou taxe de halage.

Tout navire passant aux écluses, soit pour entrer dans le bassin du commerce ou dans celui de Freycinet, soit pour en sortir :

Par tonneau de jauge nette, pour chaque opération . . . . 0 fr. 03

Surveillance de feux.

(Arrêté préfectoral du 11 février 1896).

Par jour. 3 fr.
Par veille jusqu'à 10 heures du soir . . . . . 1 fr. 50
Par nuit. . . . . 4 fr

Taxe de balayage.

(Arrêté préfectoral du 13 septembre 1883).

La taxe de balayage est calculée à raison de *un centime* par tonneau de jauge nette.

Le droit des capitaines de faire eux-mêmes le balayage avant leur départ du port est entièrement réservé.

Eau douce pour navires.

La Société anonyme des eaux fournit l'eau douce aux prix de 3 francs le mètre cube pour les navires *français* et 7 fr. 50 pour les navires *étrangers*.

Calais.

Bateaux d'aide.

Navires jaugeant 150 tonneaux au moins . . 9 fr.
Navires — plus de 150 tonneaux, par
100 tonneaux. . . . . 1 »
Maximum de la taxe par bateau . . . . . . 15 »
Paquebots-poste et navires de service régu-
lier de voyageurs, quel que soit le tonnage . . 7 »

Navires à marchandises de lignes régulières.

Service quoti- dien	jusqu'à 150 tonneaux	7 fr.
	au delà de 150 tonneaux et par chaque 100 tonneaux. .	0 fr. 50
	maximum par bateau . . .	10 fr.
Service bi-heb- domadaire	jusqu'à 150 tonneaux . . .	8 fr.
	au delà de 150 tonneaux et par chaque 100 tonneaux. .	0 fr. 50
	maximum de la taxe. . . .	11 fr.
Service hebdo- madaire	jusqu'à 150 tonneaux . . .	8 fr. 50
	au delà de 150 tonneaux et par chaque 100 tonneaux . .	0 fr. 50
	maximum de la taxe. . . .	11 fr. 50

Halage.

Par tonneau
de jauge.

Tout navire passant aux écluses, soit pour
entrer, soit pour sortir :

Marée de jour (minimum 1 fr. 50)	0 fr. 03
Marée de nuit (» 3 »)	0 » 06

Manœuvres ou opérations ordonnées d'office
par les officiers de port, en dehors du halage :

Corvées de jour :

Pour chaque haleur employé, l'heure. . .	0 » 40
Pour le maître haleur, » . . .	0 » 60

Corvées de nuit :

Pour chaque haleur employé, l'heure . . .	0 » 50
Pour le maître haleur, » . . .	0 » 75

Les heures de jour sont fixées de 6 heures
du matin à 8 heures du soir.

Eau douce.

1 fr. 50 par cinq minutes de coulage et par tuyau.

Boulogne.

Bateaux d'aide.

Un bateau employé dans le port. . . . . . .   6 fr.

Un bateau jusqu'en rade . . . .   15 »

Un bateau ayant embarqué des grelins ou

des aussières jusqu'à l'entrée du port . . . .   15 »

           jusqu'en rade . . . .   20 »

Pour les paquebots-poste, les taxes de pilotage comprennent les frais du bateau d'aide s'il est requis.

Halage.

A l'entrée ou à la sortie du bassin à flot :

Bâtiments à voiles par tonneau de jauge . .   0 fr. 03

    »   à vapeur   »   »   » . . .   0 » 02

Eau douce.

Par mètre cube. . . . .   1 »

Bateaux d'aide.

		Canot monté par	
		3 hommes.	5 hommes.
Entrée ou Sortie.	à ou de l'avant-port	6 fr.	9 fr.
	— Bassin Duquesne. . . .		
	— Bassin de demi-marée .		
	— — Derigny . . .	8 fr.	12 fr.
	— nouveau bassin à flot. .		

Lorsque les bateaux ne peuvent ressortir du bassin dans la même marée, il leur est dû 3 francs de supplément.

Pontiers.

Navires de 15 à 40 tonneaux.	1 fr.
— 41 à 80 —	2 »
— 81 à 200 —	5 »
— 201 à 500 —	10 »
— 501 à 1000 —	15 »
— 1001 et au-dessus.	20 »

Une remise de 20 0/0 est accordée aux navires faisant un service régulier.

Eau.

L'eau est fournie par les soins de la municipalité au tarif suivant :

Vapeurs et yachts à vapeur français.	jusqu'à 3000 litres sans fraction. .	3 fr. 75
	chaque 1000 litres en plus, sans fraction	1 fr. 28

Voiliers, yachts àvoiles français.	Jusqu'à 3.000 litres.	les 1ᵉʳˢ 1000 litres sans fraction	2 fr. 25
		chaque 500 litres sans fraction	1 fr.125
	Au-dessus de 3000 litres, chaque 500 litres, sans fraction		0 fr. 75
Vapeurs étrangers.	jusqu'à 3000 litres sans fraction. .		6 fr.
	chaque 1000 litres en plus.		2 fr.
Voiliers étrangers.	jusqu'à 3000 litres, les 1ᵉʳˢ 1000 litres sans fraction.		3 fr.
	chaque 500 litres en plus		1 fr. 50
	Au-dessus de 3000 litres, chaque 500 litres en plus sans fraction . .		1 fr.
Yachts à vapeur et à voiles étrangers.	jusqu'à 1000 litres sans fraction . .		6 fr.
	chaque 500 litres eu plus		4 fr.

Bateaux d'aide.

Tout bateau d'aide est tenu de porter les amarres et de faire tout autre service qui lui est commandé dans l'intérêt du navire pour lequel il est requis.

Le tarif est le suivant :

	Navires de	
	250 tonnes et au-dessous	251 tonnes et au-dessus
D'en dehors de l'anse des pilotes sur les vases de l'avant-port	9 fr.	9 fr.
De la petite rade ou de l'avant-port dans un premier bassin.	13 »	15 »
D'un bassin donnant accès dans l'avant-port au bout des jetées ou en petite rade	13 »	15 »
Passage des ponts intérieurs à la même marée (le 1er excepté)	2 »	3 »
Le 2e pont du sas n'est compté que si le navire sasse.		
D'un bassin donnant accès dans l'avant-port en grande rade.	25 »	27 »
D'un bassin dans l'avant-port et de l'avant-port dans un premier bassin, à la même marée	15 »	18 »
Les ponts suivants, par pont	2 »	3 »
Mouvements dans un même bassin.	9 »	9 »
D'un bassin dans un autre contigu	13 »	15 »
D'un bassin dans un autre contigu pour aller devant une cale sèche	13 »	15 »
D'un bassin devant une cale sèche attenant au même bassin	9 »	9 »
D'un bassin dans un autre contigu pour aller devant une cale sèche, si la barque entre dans la cale pour porter des amarres.	15 »	18 »

D'un bassin devant une cale sèche attenant
au même bassin, si la barque rentre dans la
cale pour porter des amarres . . . . 13 fr.   15 fr.
   De la petite rade ou du Havre au Hoc . . . 24 »   24 »
   Du Hoc à la petite rade. . . . . 24 »   24 »
   Du Hoc à la grande rade . . . . 30 »   30 »
   Temps pendant lequel on attend l'ouverture
des ponts ou la fermeture, une fois les deux
premières heures écoulées, par heure . . . . 3 »   3 »
   Bateau d'aide demandé spécialement pour
porter
les papiers. { en petite rade . . . . 12 »   12 »
         { en grande rade. . . . . 24 »   24 »
   Barque commandée et non employée . . . 9 »   9 »

Pour lever une ancre dans l'avant-port :

Par 100 kilogs du poids de l'ancre . . . . 5 fr.
Par 100 kilogs du poids du câble ou de la chaîne. . . . 1 »

Ancres sans orin ou bouée, 1/4 en plus.

*Ouverture des écluses intérieures en dehors des
heures réglementaires.*

Pour obtenir une ouverture supplémentaire d'une écluse
intérieure en dehors des heures réglementaires, il faut
adresser une demande écrite au commandant de port, trois
heures avant, si l'ouverture doit avoir lieu de 11 heures du
matin à 8 heures du soir ; dans la journée précédente, si
l'ouverture a lieu de 8 heures du soir à 11 heures du
matin.

Lorsque cette ouverture a lieu en dehors des heures de
travail indiqué par la cloche de la Chambre de commerce,
il est perçu :

Pour le maître de port. . . . .   5 fr.

Pour le chef pontier. . . . .   1 » 25

Pour chaque pontier . . . .   0 » 75

Balayage des quais.

Quai étroit, pour un balayage. . . . .   3 fr.

Quai large,   »   »   . . . .   6 »

Surveillance de feux à bord des navires.

Les garde-feux, placés sous les ordres des
officiers de port, sont licenciés et payés comme
suit : par 24 heures . . . .   1 » 50

Eau douce.

Navire de   70 à 100 tonneaux (jauge nette).   8 »

»   101 à 150   »   »   »   10 »

»   151 à 200   »   »   »   15 »

»   201 à 250   »   »   »   20 »

»   251 à 350   »   »   »   25 »

»   351 à 500   »   »   »   30 »

Par 100 tonneaux de jauge au-dessus de 500   5 »

Pour les bâtiments à vapeur prenant de l'eau dans leurs
chaudières, 50 0/0 en plus de la jauge nette.

Barques d'aide.

	Tarif de jour.	Tarif de nuit.
Navire de 100 à 600 tonneaux. .	5 fr.	7 fr.
— 600 à 1.000 — . .	8 »	10 »
— 1.000 à 2.000 — . .	12 »	14 »

25 0/0 en plus pour les navires chargés de pétrole ou de bois.

Surveillance de feux.

Pour navires chargés de pétrole.	par jour. . . . . 6 fr.
	par nuit. . . . . 7 »

Eau douce.

Mise à bord en rade, par 1.000 litres. . . . . 5 fr.

— dans le dock à pétrole . . . . . . 6 »

Honfleur.

Bateaux d'aide.

Salaire intérieur du port.	9 fr.
— d'entrée et de sortie.	12 »
Jusqu'à Vasouy	12 »
— Pennedepie.	16 »
— Villerville ou au Hoc	21 »
— Grande rade du Havre.	24 »
Tout bateau qui n'a pu sortir du bassin avant la fermeture des ponts, retenu par le navire.	3 »
Bateau commandé et non employé	6 »
D'un bassin à un autre.	3 »
Amarrage en quarantaine	3 »

Pour lever une ancre	par 100 kil. de l'ancre.	3 fr.
	par 100 kil. de chaîne.	1 fr.

Ouverture supplémentaire du bassin Carnot.

Pour le maître de port.	3 fr.
— chef éclusier	1 »
— chaque pontier	0 75

Halage.

	Par homme
Du bout de la jetée Ouest jusqu'à la jetée du milieu.	0 fr. 30
— Est jusqu'à l'entrée du bassin de l'Est	0 fr. 30
— Est jusqu'au pont de la jetée de Bois ou du Milieu.	0 fr. 30
Du pont de la jetée du Milieu jusque dans le Bassin Neuf ou le Vieux Bassin	0 fr. 30

Pour l'entrée dans le Vieux Bassin ou Bassin Neuf
les navires se trouvant à la jetée de Bois ou du Milieu.   0 fr. 20
   —   —   halé jusqu'en
place . . . .   0 fr. 30
 De l'entrée du bassin de la République au fond du-
dit bassin . . . .   0 fr. 30
 Hommes employés au cabestan pour virer, quel que
soit le temps . . . .   0 fr. 50
 Le maître haleur est payé double.
 Les halages de nuit sont payés moitié en sus des prix ci-dessus.
 La chome est fournie par le maître haleur et payée   1 fr. 25

Eau.

Navire de 100 tonneaux et au-dessous . . . .   4 fr.
 — 101 à 150 tonneaux . . . .   5 »
 — 151 à 200 — . . . .   7 fr. 50
 — 201 à 250 — . . . .   10 fr.
 — 251 à 300 — . . . .   12 fr. 50
 — 301 à 500 — . . . .   15 fr.
 Par 100 tonneaux ou fraction de 100 tonneaux en
plus . . . .   2 fr. 50
 L'eau pour les chaudières, moitié en plus.

Bateaux d'aide.

Jusqu'au bout des jetées Nord Sud. . . .   8 fr.

Jusqu'au corps mort de touage ou à tout
autre point de la rade ; . . . .   10 fr.

A l'intérieur des bassins. . . . .   6 »

Lorsque l'emploi des canots dure plus de deux heures,
chaque heure d'excédent est payée moitié en plus.

La nuit, le tarif est doublé.

L'usage de ces canots est facultatif.

Halage.

Aussière (pour voiliers seulement) par tonneau de jauge. . . . .   0 fr. 09

Halage, par homme, entrée ou sortie. . .   1 fr.

Halage par maître haleur . . . .   2 »

Corvée de marins haleurs, par heure et par
homme, le jour . . . .   0 fr. 50

Corvée de marins haleurs, par heure et par
homme, la nuit . . . .   1 fr.

Le nombre des haleurs varie suivant le tonnage des bâtiments.

Surveillance de feux.

Pour navire en réparation et faisant du feu
à bord, par jour . . . .   3 fr.

Pour navire en réparation et faisant du feu
à bord, l'heure . . . .   0 fr. 50

L'usage des garde-feux n'est employé que pour les chargements dangereux.

Eau douce.

La tonne de . . . .   2 à 5 fr.

Nantes.

Bateaux d'aide.

Amarrage : quais
de Chantenay. .   15 fr.
Démarrage . .   15 fr.

Quais de Nan-
tes . . . .   12 fr. 50
Quais de Nan-
tes . . . .   12 fr. 50

Pour vapeurs ou voiliers.

————

La Rochelle. La Pallice.

(Arrêté municipal du 16 octobre 1892).

Eau douce, par mètre cube. . . . .   1 fr.

Bordeaux.

Halage dans le bassin à flot.

	Navires à vapeur sous pression	Vapeurs ou voilier remorqués
De 80 à 110 tonneaux	6 fr. 75	8 fr. 25
111 à 200 —	12 » 75	13 » 75
201 à 300 —	13 » 75	15 » 25
301 à 400 —	16 » 75	19 »
401 à 500 —	19 »	21 » 25

Mouvements dans le port.

De Bacalan à un point du port situé en amont du cours du Pavé des Chartrons, et vice-versa. . . 15 fr.

De Lormont à un autre point du port, et vice versa. . . . . 15 »

Entrée ou sortie du bassin à flot (à ajouter au pilotage proprement dit) . . . . 15 »

Mouvement dans l'intérieur du bassin à flot . . . 10 »

Tous autres mouvements et déplacements . . . . 10 »

Amarrage et démarrage des navires mouillés sur leurs ancres.

	A l'arrivée	Au départ
De 100 à 199 tonneaux	15 fr.	20 fr.
200 à 399 —	20 »	25 »
400 à 599 —	25 »	30 »

				A l'arrivée	Au départ
De	600	à	799 tonneaux	30 »	35 »
	800	à	999 —	35 »	40 »
	1000 tonneaux et au-dessus			45 »	50 »

Ce tarif ne se cumule pas avec le précédent.

Eau.

(Tarif de la Compagnie des « Vapeurs internes »).

Eau livrée à bord.
{ la barrique bordelaise . . . . . 1 fr.
{ le tonneau de 4 barriques . . . 4 fr.
{ les 1000 litres . . . . 5 fr.

Pour les chaudières, le prix du tonneau d'eau est 3 fr., si le vapeur prend plus de 30 tonneaux.

Cette.

Location de gabares.

Par jour, les petites . . . . 6 fr.
   —   les grandes. . . . . 9 »
Il y en a 14 de la portée de 20 à 40 tonneaux.
    68   —   41 à 80   —
    4   —   81 et au-dessus.

Surveillance de feux.

Par jour. 2 fr. 50

Eau.

Par les citernes flottantes, le tonneau de
1.000 litres rendu à bord . . . . 3 fr. 50
Par les prises d'eau de la ville, le mètre cube. 0 fr. 30

*TABLE comparative donnant les principaux droits et le maximum
acquittés dans les différents ports français par un navire à voiles de
500 tonneaux de jauge nette.*

	TOTAL	droits d'état	droits locaux	pilotage	Courtage pour 700 tonneaux d'affrètement	Bateaux d'aide	halage	Remorquage
Bordeaux..	2.423 75	575	360	385	350	16	37 75	700
Boulogne...	1.532	»	300	140	340	12	15	150
Calais.........	1.493	»	225	125	340	13	15	200
Cette.........	975	»	Nil	185	140	10	Nil	65
Dieppe.......	1.441	»	170	180	280	26	10	200
Dunkerque.	1.645	»	400	150	340	15	15	150
Le Havre....	1.571	»	225	195	340	8	16	200
Honfleur....	1.675	»	250	195	350	9	16	280
La Rochelle.	1.409 80	»	125	150	350	9 80	Nil	200
Marseille....	950	»	30	110	80	30	Nil	125
Nantes.......	2.128 35	»	250	523 85	362	12 50	Nil	405
Rouen.......	2.252	»	485	337	350	5	Nil	500
St-Nazaire..	1.865 50	»	250	354	362	24 50	50	250

*TABLE comparative donnant les principaux droits et le maximum ac-
quittés dans les différents ports français par un navire à vapeur de
1000 tonneaux de jauge nette.*

	TOTAL	Droits d'état	Droits locaux	Pilotage	Courtage pour 1500 tonn. d'affrètement	Bateau d'aide	Halage
Bordeaux.........	2.945	1.500	720	218	750	32	75
Boulogne........	2.507	»	600	140	585	12	20
Calais..........	2.385	»	450	125	585	15	60
Cette...........	1.655	»	Nil	195	300	10	Nil
Dieppe.........	2.316	»	340	180	600	26	20
Dunkerque......	2.730	»	800	150	585	15	33
Le Havre........	2.431	»	450	195	585	8	33
Honfleur........	2.617	»	500	195	750	9	13
La Rochelle.....	2.268.30	»	250	108.50	750	9.80	Nil
Marseille........	1.525	»	60	110	175	30	»
Nantes..........	2.817.75	»	500	393.25	762	12.50	»
Rouen..........	3.339.75	»	970	557.75	650	12	»
Saint-Nazaire.....	2.727.80	»	500	245.80	762	10	60

COMPARAISONS AVEC L'ÉTRANGER ET CONCLUSION.

Conclure c'est apprécier et apprécier c'est comparer. Il nous serait, en effet, difficile de porter un jugement sur les droits de ports que nous venons d'étudier si nous les isolions absolument de ceux que paient les navires de commerce à l'étranger. D'autre part, pour que la comparaison fût tout à fait exacte, il faudrait entrer dans des détails que ne comporte point le cadre de ce travail et dont il est d'ailleurs fort difficile de se procurer les éléments. La difficulté pourtant ne nous semble point sans solution ; nous avons pris, pour essayer de la résoudre, les comptes de droits payés par un même navire dans un port français. Le Havre et quatre ports étrangers : Hambourg, Anvers (1), Newcastle et Santander. Voici d'ailleurs ces comptes de frais :

Frais de port d'un navire de 873 tonneaux 22/100

Au Havre.

Droits sanitaires	43 fr. 65
Pilotage d'entrée et barque d'aide	160 » 68
Haleurs à l'entrée des bassins	30 » 10
Rapport au tribunal	11 » 60
Capitaines visiteurs.	63 » 35
à reporter	309 fr. 38

(1) A Anvers, le navire a été pris à deux voyages successifs.

A reporter	309 fr. 38
Droits de navigation, péage, sauvetage . .	637 » 81
Pilotage de sortie et barque d'aide	72 » 69
Haleurs à la sortie	15 » 10
Courtage d'entrée (abonnement)	50 »
Travail de nuit des préposés de douane. .	16 » 25
Total	1101 » 23

A Hambourg.

Capitaine de port.	25 m.
Pilotage d'amirauté.	133 m.
Pilotage de Bumsbuttel	70 m. 15
Pilotage d'assistance	60 m.
Droits de tonnage	290 m. 70
Expertise d'arrimage.	40 m.
Droits de quai	1230 m.
Droits consulaires	29 m. 16
Courtage d'entrée.	228 m. 30
Pilotage de sortie.	60 m.
Police pour travail de nuit	5 m.
Déclaration de sortie en douane	45 m.
Courtage de sortie	258 m.
Gratification aux employés du quai . . .	6 m.
Amarrer et démarrer le vapeur	4 m. 50
Remorquage.	30 m.
Total.	2514 m. 81
A 1 fr. 25	3143 fr. 51

A Anvers (1er voyage).

Pilotage d'entrée.	341 fr.
— sortie.	450 » 20
— entrée du bassin.	2 » 50
— sortie —	2 » 50
Report	796 fr. 20

Report	796	fr.	20
Rapport de mer.	36	»	50
Aux experts nautiques.	80	»	
Droits de bassins	321	»	30
Compte du commissaire maritime . . .	21	»	
Canot d'aide	35	»	
Commission à l'entrée.	202	»	80
— à la sortie.	315	»	25
Courtage	75	»	
Au Consul	75	»	
Propreté publique.	4	»	
Pilote dans les bassins.	37	»	50
Eau douce	14	»	40
Remorquage	32	»	
	2.045	»	95

A Anvers (2e voyage).

Pilotage d'entrée	462	fr.	75
— de sortie	255	»	05
— à l'entrée du bassin.	5	»	
— à la sortie	5	»	
Rapport de mer.	36	»	50
Aux experts nautiques.	80	»	
Droits de bassins	321	»	30
Compte du commissaire maritime . . .	21	»	
Canot d'aide	25	»	
Commission à l'entrée	193	»	55
Courtage	75	»	
Consulat	75	»	
Police sanitaire.	7	»	
Pilote dans les bassins	25	»	
	1.587	»	15

A Newcastle on Tyne.

Droit de ville 1 1/4 liv. st. par ton.	liv. st.	7. 4.10
Mission	»	1 »

Feux . . . . »   2   8
Société de mariniers. . . . . »   2   6
Bateau de sauvetage . . . . »   1   6
« Wellesley » . . . . »   1
Droit de jetée. 3 12   9
Droit de tonnage. 5   9   2
Gardien de rivière . . . . » 18   3
Phares. 5   9   1
Droit de port. 10 18   3
                                              —————————————
                          Liv. st.   34   1
Moins : droits de la ville sur chargement. .   6 15   5
                                              ═════════════
                          Liv. st.   27   5   7
Consulat. 2 19 10
Rapport   1   1
Entrée.   10   6
Sortie   1   1
Bateaux d'aide.   1   7   6
Pilotage.   7   3   2
Remorquage. 12
                                              —————————————
                          Liv. st.   53   8   7
                 à fr. 25.25 . . 1349 fr. 05

A Santander.

	Pesetas	cts
Pilotage d'entrée	72	50
Pilotage de sortie.	72	50
Amarrage, démarrage, 1 mouvement	23	50
Documents de douane	30	
Légalisation de la traduction du manifeste	25	
Droit de quai, 2 jours à 30 pesetas	60	
Droits consulaires.	143	55
Service de canot à bord	7	50
Expédition en douane.	150	
Gratification aux douaniers de la visite, entrée et sortie	10	
— — de service à bord. . . .	5	

                                    A reporter   599   55

report.	599	55
Gratification aux officiers des douanes	15	
Vigie pour annoncer l'arrivée du bateau	2	50
Gratification à l'employé de la santé	5	
Eau douce	216	
Gardiens de nuit	36	
	874fr.05	

Avant d'entrer dans l'examen des réflexions que peuvent suggérer les documents que nous venons de citer, nous croyons devoir dire pourquoi nous avons choisi comme terme de comparaison le port du Havre de préférence à tout autre port français. Tout d'abord, nous vous lions choisir un port important et ceux qui se présentaient immédiatement à notre pensée étaient : Marseille, Le Havre et Bordeaux. Mais l'on a pu voir dans les tables comparatives que nous avons dressées plus haut des droits de ports payés dans les principaux ports français, que Le Havre représente en quelque sorte une moyenne. Le total des frais que doit y acquitter un navire à voiles de 500 tonneaux s'élève à 1.571 francs au Havre, tandis qu'il est de .423 fr. 75 à Bordeaux et de 950 francs à Marseille. Pour un navire à vapeur de 1.000 tonneaux les proportions sont à peu près les mêmes ; au Havre il acquitte 2.431 francs, à Bordeaux 2.945 et à Marseille 1.525. C'est cette circonstance qui a déterminé notre choix.

Cela dit, revenons à notre comparaison : tout d'abord, il ne faut pas lui attribuer une valeur excessive car il est bien évident que le navire en question n'a pas fait dans tous les ports mentionnés les mêmes opérations de com-

merce. Il nous est malheureusement impossible de déterminer exactement celles qu'il a accomplies dans chacun
d'eux. D'autre part, il est bien certain que des droits
qui portent les mêmes noms dans différents comptes ne
correspondent pas aux mêmes faits et aux mêmes services
rendus. Ainsi, il nous paraît très vraisemblable, sans que
toutefois nous puissions l'affirmer, que les frais de courtage qui s'élèvent à Hambourg à 486 marks 30 pfennigs
comprennent en outre des opérations de conduite analogues à celles de France, des opérations d'affrètement et de
consignation qui chez nous se paient à part.

Toutefois, tels qu'ils se présentent et en tenant compte
des observations que nous venons de faire, ces comptes
nous permettent de repousser énergiquement deux critiques que l'on adresse trop facilement aux droits de ports
français et que l'on se dispense de prouver comme si elles
étaient des axiomes, à savoir :

1° Que les droits de ports sont beaucoup plus élevés en
France qu'à l'étranger ;

2° Qu'ils sont beaucoup plus nombreux, moins bien
établis et que de ce fait, il en résulte une gêne plus grande
pour les navires.

Ces deux affirmations sont évidemment erronées car si
nous n'allons pas jusqu'à conclure, comme nous le per-
mettraient peut-être les comptes cités plus haut, que les
frais de port sont plus élevés à l'étranger qu'en France,
tout au moins pouvons-nous affirmer sans hésitation, qu'ils
ne sont nullement plus élevés chez nous qu'ailleurs.

Quant à leur diversité elle est au moins aussi grande à l'étranger qu'en France, et c'est encore ce qui ressort très clairement de la nomenclature que nous avons donnée dans les documents reproduits.

Par conséquent, si nous constatons une infériorité quelconque dans notre situation relativement aux droits de ports, d'où pourrait venir cette infériorité? Uniquement de la façon dont ces droits sont établis.

Mais, pour pouvoir se prononcer d'une façon utile, il faudrait connaître cette législation des droits de ports pour l'étranger comme pour la France, et outre que le travail serait considérable il serait parfois impossible. En Angleterre, par exemple, où les ports appartiennent à des compagnies, il n'y a rien de fixe ni de positivement établi et il serait impossible d'étayer une argumentation sérieuse avec des éléments sans précision. Toutefois, cette décentralisation extrême qui existe en Angleterre, puisque les ports sont autonomes et indépendants du pouvoir central et par conséquent, maîtres d'établir tels tarifs que bon leur semble, rapprochée de celle beaucoup moins grande que nous rencontrons chez nous à propos des péages locaux, de courtage maritime, du pilotage et autres droits, peut nous mettre sur la voie de la solution cherchée. Elle serait pour nous dans l'extension à tous les droits d'état actuels, de l'autonomie partielle donnée aux municipalités et aux Chambres de commerce relativement aux péages locaux et autres droits. M. André Lebon, on se le rappelle, avait en 1896, donné à cette idée une expression législative dans une proposition que nous avons rappelée et qui tendait à permettre aux ports de faire acquitter le droit de quai comme ils l'entendraient, pourvu qu'ils fournissent au Trésor une somme déterminée.

Cette proposition fut repoussée bien moins à cause du principe qu'elle contenait que des difficultés d'application qu'elle présentait.

Or les difficultés d'application ne sont assurément pas insurmontables et le principe nous semble excellent. Vouloir, en effet, imposer un droit aussi important que le droit de quai partout de la même façon, sans tenir compte des différences de situation des ports, de leurs moyens économiques différents et de la diversité des navigations qui s'y effectuent, est un acte analogue à celui d'un professeur qui voudrait imposer la même carrière à tous ses élèves bien qu'ils fussent de goûts très différents et d'aptitudes très diverses. Il faut, croyons-nous, s'efforcer de laisser à chaque port sa physionomie, c'est-à-dire lui permettre de favoriser le plus possible la navigation pour laquelle il semble plus destiné. Or, il nous semble bien que cette décentralisation des droits de ports dont nous parlons est le meilleur moyen d'atteindre un tel résultat. Il nous reste à émettre le vœu que les « décentralisateurs de principe » qui apportent une si grande ardeur pour la revendication de toutes les décentralisations possibles et même impossibles, daignent tourner leurs regards du côté des droits de ports. Puissent-ils surtout y amener ceux du législateur.

TABLE DES MATIÈRES

DEUXIÈME PARTIE

DROITS LOCAUX

CHAPITRE PREMIER. — **Péages locaux.** 127

Vu :

Le Président de la thèse,

CAUWÈS.

Vu :

Le Doyen,

GLASSON.

Vu et permis d'imprimer :

Le Vice-Recteur de l'Académie de Paris,

GRÉARD.

Imp. J. Thevenot, Saint-Dizier (Haute-Marne).